Reiner Cherek

Säuglings- und Kleinkinderschwimmen

Ein Elternratgeber

Reiner Cherek

Säuglings- und Kleinkinderschwimmen

Ein Elternratgeber

verlag modernes lernen - Dortmund

Es dauert oft lange,
bis sich neue Ideen durchsetzen.
Manchmal braucht man dabei einen langen Atem.
Ich danke meiner Frau,
daß sie genügend Geduld hatte.

© 1998 verlag modernes lernen, D-44139 Dortmund

Gesamtherstellung: Löer Druck GmbH, Dortmund

Bestell-Nr. 1552   ISBN 3-8080-0413-4

Inhaltsverzeichnis

Vorwort

Seit Beginn der 80er Jahre habe ich während meiner Lehrtätigkeit am Sportinstitut der Universität Frankfurt am Main in engem fachlichen Kontakt mit Herrn Cherek gestanden. Ein im Jahre 1981 gemeinsam geplantes Forschungsprojekt unter Mitwirkung Frankfurter Kinderärzte mit dem Ziel des Effizienznachweises früher Wassererfahrungen bei behinderten Säuglingen und Kleinkindern konnte leider aus verschiedenen Gründen nicht zu Ende geführt werden. Insbesondere aufgrund des enormen zusätzlichen Arbeitsaufwandes für die beteiligten Kinderärzte beim halbjährigen Check in Form einer neurologischen Überprüfung des kindlichen Entwicklungsstandes ließ sich das Projekt bedauerlicherweise nicht, wie vorgesehen, über einen längeren Zeitraum mit der nötigen Akribie durchführen.*)

Dennoch ging die praktische Forschungsarbeit in Chereks Schwimmschule zügig weiter. Eine ganze Flut von Veröffentlichungen in den 80er und 90er Jahren belegt, wie intensiv sich der Autor mit der Materie befaßt hat. Durch jahrelanges systematisches Beobachten des Bewegungsverhaltens seiner kleinen und kleinsten Schwimmschüler konnte er neue Hilfen für behinderte Kinder entwickeln. Dieses Buch schöpft aus seinem breiten Wissens- und Erfahrungsschatz. Im Praxisteil wird die gesamte Sequenz speziell zur ganzheitlichen Entwicklungsförderung von Babys im Wasser entwickelter Übungen dargestellt. Dabei werden mögliche Fehler im Handling der Säuglinge, z.B. durch falsche Grifftechnik, besprochen.

Beim Schwimmen mit Kleinkindern werden Schwimmflügel als Auftriebshilfen verwendet. Sie ermöglichen nunmehr ein selbständiges Verändern der Körperlage durch Drehungen um die Querachse im Wasser. Der ausführliche Praxisteil schließt ab mit der Darstellung der verschiedensten Spielmög-

---

*) vgl. Kiphard: Begleitendes Forschungsprojekt zur Schwimmtherapie bei Säuglingen und Kleinkindern in Frankfurt. In Zschr. Motorik 1981, 4. 159

lichkeiten mit kleineren Objekten, aber auch mit und auf schwimmenden Großmaterialien wie Luftmatratzen und Iso-Matten, wobei regelrechte Bewegungslandschaften im Wasser entstehen. Alles geht in fröhlicher, entspannter Atmosphäre vor sich, in der auch die überaus wichtigen Körperkontakte zwischen Eltern und Kind in Form von Umarmen, Drücken und Schmusen nicht zu kurz kommen. Das Buch ist ein reichhaltiger Fundus nicht nur für Eltern, sondern für alle pädagogischen und therapeutischen Fachkräfte.

Rosbach v. d. Höhe, im Januar 1998
Univ.-Prof. em. Dr. phil. Ernst J. Kiphard

Einführung

Seit nunmehr über fünfundzwanzig Jahren unterrichte ich im Wasser Säuglinge, Kinder und Erwachsene. Ich möchte gleich zu Beginn einem Mißverständnis, der im Ausdruck „Säuglings- oder Babyschwimmen" begründet liegt, begegnen. Während Kinder und Erwachsene das Schwimmen selbständig erlernen, müßte man Säuglinge schon dazu zwingen. In diesem zarten Alter soll jedoch vielmehr die Freude an der Bewegung im Wasser geweckt werden. Da sich jedoch der Begriff „Babyschwimmen" mittlerweile eingebürgert hat, wird er auch von mir mitverwendet. Es ist aber nie damit gemeint, daß Säuglinge das Schwimmen erlernen, um sich durch eigene Bewegungen über Wasser zu halten und ohne Fremdhilfe fortzubewegen. Ich werde im dritten Kapitel auf die unterschiedlichen Praktiken mit Babys im Wasser ausführlich eingehen.

Schon als Student hatte ich mich mit dem Kleinkinderschwimmen beschäftigt und als Lehrer in einer Schwimmschule gearbeitet. Nach dem Studium der Pädagogik und Sportwissenschaft wurde mir in einer expandierenden Kette von Schwimmschulen die Lehrerausbildung übertragen. Einerseits lernte ich viele gute Ideen der einzelnen Lehrer kennen, andererseits mußten die Grundgedanken der Schwimmschule mit den Einfällen der einzelnen Lehrer und den Vorschlägen aus der Fachliteratur verbunden werden. Sehr bald wurde mir bei dieser Aufgabe klar, daß diese Anforderung nur mit einem theoretischen Fundament zu schaffen war.

Folglich sondierte ich, welche Methoden beim Baby- und Kleinkinderschwimmen in der Welt existieren. Dann mußten die zugrunde liegenden pädagogischen Vorstellungen erarbeitet und die bestehenden Vorschulprogramme der Leibeserziehung überprüft werden.

Nachdem ich dann in einer eigenen Schwimmschule meine Arbeit fortsetzte und begann, in den Gruppen auch behinderte Kinder gemeinsam mit nichtbehinderten zu unterrichten, war es notwendig, die Entwicklung der Bewegung, der Wahrnehmung, des Denkens und des Verhaltens und ihre Abweichungen kennenzulernen. All diese Wissensgebiete waren schließlich auf den Bereich „Wasser" zu übertragen. Ich habe meine Erkenntnisse in den vergangenen Jahren in Fachartikeln, bei Fortbildungsseminaren für Mitarbeiter pflegerischer, therapeutischer und pädagogischer Berufe, bei Lehraufträgen an Hochschulen und bei Kongressen bekannt gemacht.

In diesem Buch möchte ich meine theoretischen und praktischen Erfahrungen im Bereich Baby- und Kleinkinderschwimmen zusammenfassen. Viele Fragen, die Laien -z. B. junge Eltern, Lehrer, Therapeuten – zu diesem Thema haben, sollen beantwortet werden. Eine Fülle von praktischen Übungen und Spielideen mit einfachen Materialien sollen sie anregen, mit Kindern lustvoll im Wasser zu planschen.

Die theoretischen Passagen des Buches sollen den Lesern helfen, zu verstehen, warum einzelne Übungen durchgeführt werden und was sie bewirken. Es ist immer wieder faszinierend zu sehen, wie schon Säuglinge lernen, sensomotorische Aufgaben zu lösen. Ohne die Theorie fällt es schwerer, kleine Verhaltensänderungen zu erkennen und zu deuten.

Hinweise auf weiterführende Literatur soll allen Interessierten helfen, sich noch intensiver mit der Entwicklung und Erziehung der kleinen Kindes zu beschäftigen und ihr Verhalten zu verstehen.

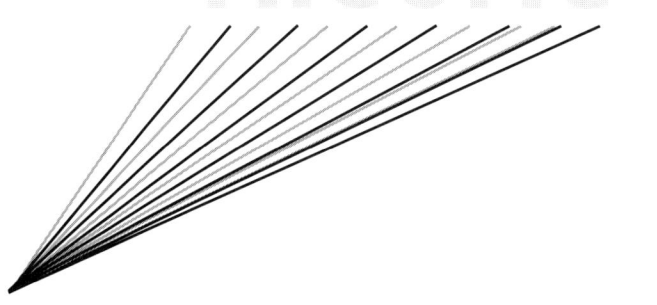

Theorie

Einleitung

Alle Eltern wollen für ihre Kinder das Beste. Im Verlauf der Schwangerschaft kreisen die Gedanken um den zukünftigen Erdenbürger und seine Zukunft. Namen werden gesucht und wieder verworfen. Wichtige Dinge der Erstausstattung wie Kleidung, Möbel und Spielzeug müssen angeschafft werden. Das Kind soll sich wohl fühlen und sich unter den besten Voraussetzungen entwickeln können. Sicherlich wird auch einmal über das Babyschwimmen gesprochen, das Für und Wider abgewogen und mögliche Adressen von Anbietern herausgesucht. Sobald die Eltern ihre Absicht kundtun, mit ihrem Kind am Babyschwimmen teilnehmen zu wollen, werden sie bei vielen Verwandten und Freunden auf Unverständnis stoßen. „So etwas hat es zu unserer Zeit nicht gegeben und wir sind auch groß geworden." oder „So früh mit dem Kind zum Schwimmen zu gehen kann doch nicht gut sein, die Kinder werden dabei sicherlich überfordert." Es werden Bedenken zur Hygiene, über Ansteckungsgefahren bis hin zur Meinung, daß die Babys – unter Zwang – schwimmen lernen müssen, geäußert. Das Kuriose dabei ist, daß die wenigsten, die ihre Meinung zum Thema Babyschwimmen abgeben, jemals bei einem solchen Kurs dabei waren, noch Genaues über Inhalt und Ziele wissen. Selbst Kinderärzte sind bei gezielten Fragen häufig überfordert, und nur so ist es zu erklären, warum auch von der Medizin keine einheitliche Stellungnahme zu diesem Thema zu bekommen ist.

Während einige Kinderärzte zum Babyschwimmen raten – wobei lediglich unterschiedliche Meinungen herrschen, wann man damit beginnen sollte – wird von anderen Pädiatern der frühzeitige Besuch eines Schwimmbades strikt abgelehnt. Der deutsche Sportärztebund bemüht sich seit einiger Zeit, den niedergelassenen Kinderärzten Informationen zu liefern. Diese sportärztliche Stellungnahme trägt aber nicht unbedingt zur Aufklärung bei.

Kleiner geschichtlicher Überblick

Das Babyschwimmen ist entgegen landläufiger Meinung keine Modeerscheinung. Schon immer haben Mütter in den verschiedensten Ländern der Erde, in denen es das Klima erlaubt, ihre Säuglinge frühzeitig in natürlichen Gewässern mit dem kühlen Naß vertraut gemacht. Schriftsteller und Völkerkundler berichten von Badeszenen, bei denen Mütter mit ihren Neugeborenen über die normale Körperreinigung hinaus im Wasser spielten und planschten.

Schon zum Ausgang des letzten Jahrhunderts erschienen wissenschaftliche Untersuchungen zu diesem Thema. 1897 berichtete A.A. Mumford über Bewegungsweisen bei Säuglingen. In seinem Beitrag zur Bewegungsentwicklung des Menschen, nannte er die von ihm beobachtete Arm- und Beinmotorik „Schwimmbewegungen". 1939 veröffentlichte Myrtle B. McGraw Bewegungsbeobachtungen von nur wenige Wochen alten Säuglingen in Bauchlage im Wasser. Alle weiteren Untersuchungen stützen sich auf die Forschungsergebnisse dieser Arbeit. McGraw beschrieb sehr genau den Atemschutzreflex, der nach dem 3. spätestens aber nach dem 6. Monat verschwindet. Im selben Jahr erschien auch von Watson eine Veröffentlichung zu diesem Thema. Alfred Mayerhofer stellte 1952 eine umfassende Studie zum Säuglingsschwimmen vor. Obwohl die Untersuchungen zeigten, daß eine gezielte Bewegungsschulung in den ersten 22 Monaten die späteren motorischen Bewegungsfertigkeiten nachhaltig beeinflussen, fand das Säuglingsschwimmen bei Pädagogen und Sportwissenschaftlern erst in den siebziger Jahren größeres Interesse.

Macht Babyschwimmen intelligenter?

1968 wurde an der Sporthochschule Köln ein breit angelegtes Forschungsprojekt zu diesem Thema begonnen. Dabei wurden Kinder von Anbeginn des Babyschwimmens bis hin zur Einschulung in regelmäßigen Abständen in verschiedenen Bereichen getestet. Die Ergebnisse wurden 1975 der Öffentlichkeit vorgestellt. Eine Boulevardzeitung brachte das Forschungsergebnis mit folgender Überschrift auf einen Nenner: „Schwimmende Babys werden intelligenter!" In der Tat waren Kinder, die frühzeitig ab dem 3. Monat an den Babyschwimmkursen teilgenommen hatten, motorisch besser entwickelt, sie waren kontaktfreudiger, selbstbewußter und konnten mit Problemen besser umgehen. Natürlich wäre es übertrieben, daraus zu schließen, daß ein Kind, das am Babyschwimmen teilgenommen hat, damit sein Abitur schon in der Tasche hat. Jedoch werden Kinder im Wasser frühzeitiger als an Land befähigt, motorische Probleme zu lösen und werden dadurch eigenständiger. Laut Piaget, dem berühmten Entwicklungspsychologen, steht in den ersten zwei Lebensjahren die Sensomotorik, d.h. die Wahrnehmung und Bewegung im Vordergrund. Beides, die Verarbeitung der vielen Reize aus der Umwelt und die Vielfalt der Bewegung in Verbindung mit dem Gleichgewicht, wird im Wasser spielerisch geübt. Piaget hat deutlich gemacht, daß für eine spätere theoretische Intelligenz (abstrakte Vernunft) eine ausgeprägte praktische Vernunft Voraussetzung ist. Aus Greifen wird Begreifen, aus Fassen wird Erfassen oder aus Stehen wird Verstehen. Unsere Sprache macht die Bedeutung der frühkindlichen Bewegung als eine notwendige Phase, später seinen Verstand zu gebrauchen, überaus klar .Um die Wichtigkeit der ersten Lebensjahre noch stärker zu verdeutlichen, sollten die Eltern wissen, daß ein Kind in den ersten drei Lebensjahren so viel wie in den darauffolgenden sieben Jahren lernt. Laut der Kölner Untersuchung beeinflußten Bewegungen im Wasser die Kinder intensiver als Bewegungen an Land. Warum das Wasser einen solchen Einfluß auf die Entwicklung der Kinder ausübt und welche Zentren im kindlichen Gehirn durch die Bewegungen im Wasser angesprochen werden, habe ich in den letzten Jahren beobachtet und werde darauf später eingehen.

Möglicherweise ist es ja für junge Eltern beruhigend zu wissen, daß das Babyschwimmen kein modischer, kurzlebiger Spleen ist, sondern in der Medizin, Pädagogik und Sportwissenschaft erforscht und weiterentwickelt wird. Gerade jüngere

Forschungsergebnisse über die Entwicklung der Kinder im Mutterleib, die erst durch die Entdeckung der Ultraschalluntersuchung möglich geworden sind, können die Inhalte beim Babyschwimmen besser begründen. Wir wissen heute, daß schon die Föten im Mutterleib im Fruchtwasser schwimmen und Übungen durchführen. Sie vollführen z.b. Purzelbäume, strampeln mit Armen und Beinen und lutschen am Daumen. Über diese Bewegungen holen sie sich wichtige Entwicklungsreize.

Babyschwimmen heute

Mittlerweile hat der 2. Weltkongreß zum Thema Babyschwimmen in Australien stattgefunden. Es bestehen Bestrebungen, einen europäischen Zusammenschluß aller Institutionen, die sich mit dem Baby- und Kleinkinderschwimmen befassen, zu erreichen. Dadurch wäre ein besserer Gedankenaustausch möglich, es könnte eine einheitliche Ausbildung der Lehrer entworfen werden und die „Schwarzen Schafe" unter den Anbietern von Babyschwimmkursen, die es überall gibt, könnten besser bekämpft werden. Denken wir an die siebziger Jahre, als Babys auf Rekordjagd waren, wer am längsten in Rückenlage schweben konnte oder am besten untertauchen konnte. Das gehört Gott sei Dank der Vergangenheit an. Heute können die Eltern ziemlich sicher sein, daß nicht mit ihren Kindern im Wasser experimentiert wird, wenn sie sich vor dem Kurs die Mühe machen, zu erfragen, welche Ausbildung die Anbieter von Babyschwimmkursen besitzen. Bis heute gibt es leider vom Gesetzgeber noch keine Richtlinien, wer Babyschwimmkurse anbieten darf. Es wäre deshalb wünschenswert, eine Selbstkontrolle ins Leben zu rufen. Babyschwimmlehrer sollten Kenntnisse über die physische und psychische Entwicklung des Kindes besitzen, die Entwicklung der Wahrnehmung und Motorik beim Menschen beschreiben können und in der Lage sein, Baby- und Kleinkinderschwimmen zu unterrichten. Damit sich die Kinder nicht im Schwimmbad infizieren, sollten Grundkenntnisse in Schwimmbadhygiene und Wasseraufbereitung vorhanden sein. Die Lehrer selbst sollten sich freiwillig einer Gesundheitsuntersuchung unterziehen, die jeder Lehrer im öffentlichen Dienst nachweisen muß. Erst als ich an einer Hochschule einen Lehrauftrag übernommen hatte, verlangte der Gesetzgeber ein Gesundheitszeugnis, obwohl die Studenten mehrere Meter von mir entfernt waren. Bei meiner Tätigkeit im Wasser, wo ich die Babys im engen Körperkontakt auf dem Arm trage, wird kein Gesundheitsnachweis verlangt.

Zur Zeit existiert leider noch keine offizielle Ausbildung, in der all diese Fächer unterrichtet werden und keine amtliche Verordnung, in der Auflagen erhoben werden. Deshalb kann ich allen Eltern nur raten, sich genau über Ziele und Inhalte der Babyschwimmkurse zu informieren und nachzufragen, ob der Kursleiter eine pädagogische oder therapeutische Ausbildung besitzt. Bei einer Bewerbung, um in unserer Schwimmschule zu unterrichten, wurde mir einmal gesagt: „Ich bin Mutter und kann schwimmen." Das allein reicht bei dieser verantwortungsvollen Arbeit nicht aus. Die Kursleiter eines Babyschwimmkurses müssen begründen können, warum sie dieses oder jenes tun oder auch nicht tun. Je kritischer die Eltern vor der ersten Stunde fragen, um so geringer ist die Gefahr, daß ein Babyschwimmkurs wegen Verdacht auf Kindesmißhandlung polizeilich abgebrochen werden muß, wie es einmal in der Vergangenheit in der Schweiz geschehen ist. Der Deutsche Schwimmverband hat offensichtlich dieses Problem erkannt und bietet eine Übungsleiterausbildung „Babyschwimmen" an.

Kinder brauchen Bewegung

Ganzheitliche Bewegungserziehung

Babyschwimmen gehört wie das Mutter – Kind -Turnen zur motorischen Früherziehung. Da Erziehung immer dazu beitragen soll, daß der Mensch lernt, sein Leben zu meistern, sollten die Ziele, die mit dem Babyschwimmen erreicht werden sollen, auch diesem Auftrag verbunden sein. In diesem Lebensabschnitt steht aber nicht das Erlernen komplizierter Bewegungsabläufe im Vordergrund, sondern die Ausbildung von motorischen Grundfertigkeiten wie z. B. Koordination, Gleichgewicht, Kraftdosierung und Ausdauer. Außerdem sollte das Kind allmählich die einzelnen Wahrnehmungsbereiche in Einklang bringen können. Erst wenn verschiedene Informationen zusammenkommen, kann ein Gegenstand erkannt werden: Ein Gegenstand, der rund ist, etwa die Größe eines Tennisballes besitzt, eine gelbe Farbe hat, der über eine Oberfläche verfügt, die Poren aufweist, aber sich ansonsten glatt anfühlt und darüber hinaus einen Zitrusduft ausströmt, ist eine Zitrone. Erst die verschiedenen Merkmale definieren die Zitrone. Fehlen Hinweise, hätte es auch ein Apfel, ein Ball oder eine Apfelsine sein können. Bei meiner Arbeit im Wasser vertrete ich einen ganzheitlichen Ansatz, wie er in der Psychomotorik von E. Kiphard definiert wurde. Dabei bedeutet ganzheitliche Pädagogik, den Menschen in den Mittelpunkt der pädagogischen Maßnahmen zu stellen. Der Mensch selbst wird als Einheit von Wahrnehmung, Denken, Bewegen und Erleben gesehen.

Wahrnehmung bedeutet, Informationen von sich selbst (körpernahe Reize) und von der umgebenden Umwelt (körperferne Reize) zu erhalten. Bei den körpernahen Reizen bekomme ich Nachrichten, ob ich hungrig oder durstig bin, ob die Umgebung warm oder kalt ist, oder ob ich in Ruhe oder Bewegung bin. Die körperfernen Reize liefern Informationen an Auge und Ohr, was sich in der Umgebung ereignet. Das gesamte Wahrnehmungssystem im Menschen ist ein recht kompliziertes Zusammenspiel verschiedener Gehirnzentren, in denen vielfältige Informationen zusammenkommen. Sie werden über verschiedene Organe wie Augen, Ohren, Nase, Gleichgewichtsorgan, und Organen im Körperinnern, den Muskeln, Sehnen und Gelenken und vielen mehr aufgenommen. Die empfangenen Informationen müssen dann im Denkprozeß verarbeitet, entschlüsselt und weitergeleitet werden. Bei einigen Menschen kann eine Information Freude, bei anderen Angst oder Gleichgültigkeit auslösen. Diese emotionale Färbung des Erlebten ist die Empfindung. Die Antwort auf die Wahrnehmung oder Empfindung erfolgt häufig in einer Bewegung. Dabei spiegelt die Bewegungsqualität oftmals auch die Empfindung wider.

Wir wissen heute, daß sich diese Bereiche untereinander beeinflussen können. Bewegungsübungen können das Denken oder die Psyche positiv beeinflussen. Körperbetonte Spiele wirken sich gleichzeitig auf die Wahrnehmung aus. Bei Fördermaßnahmen bedeutet dies, daß nicht mehr defektorientiert der „schlechtere", behinderte Bereich des Kindes isoliert „beübt" wird, sondern im Spiel mit viel Spaß über die Förderung der Stärken die Schwächen verbessert werden. Wieviel Leid und Tränen dadurch eingespart werden können, liegt auf der Hand. Soll bei einem Kind der bewegungseingeschränkte Arm funktionstüchtig gemacht werden, kann mit einer speziellen Gymnastik geübt werden. Dabei wird dem Kind immer bewußt, daß etwas mit dem Arm nicht stimmt, da ständig kontrolliert und korrigiert wird. Macht dem selben Kind Schwimmen Spaß, üben wir Brustschwimmen und Kraulschwimmen und bauen zwischendurch andere fördernde Übungen ein. Das Kind spürt keine Kontrolle, kann sich mit anderen messen, hat Spaß am Spielen und Tollen und verbessert die Armfunktion.

Dagegen werden bei anderen pädagogischen Vorstellungen die Lernziele den Interessen des Schülers übergeordnet. Beispielsweise bei Babyschwimmethoden, die das Untertauchen des Kindes verlangen, werden die Säuglinge teilweise trotz lautem Geschrei untergetaucht, um das angestrebte Ziel, z.B. die Selbstrettung, zu erreichen. Dort wird völlig ignoriert, ob das Kind schreit oder ängstlich reagiert. Ein Schwimmlehrer in Kanada (Regent LaCoursier) sagte mir dazu, daß er durch das Schreien genau erkennen kann, wann das Kind einatmet, um es dann untertauchen zu können und ein anderer Schwimmlehrer in der Schweiz (Jean Fouace) vertritt sogar die Meinung, daß das frühkindliche Schreien keine Bedeutung habe, da es in dem frühen Lebensalter keine Gefühlsäußerung sei. Dieses Vorgehen lehne ich ab!

Ganzheitliches Babyschwimmen muß meines Erachtens bedeuten, mit den Kindern im Wasser zu spielen, um sie in ihrer Entwicklung zu fördern, die Freude am Wasser zu erhalten und nur Übungen durchzuführen, die kind- und altersgerecht sind.

Die kindliche Entwicklung ist immer von dem Umfeld, in dem das Kind aufwächst, abhängig. Dabei ist z. B. von Bedeutung, in welchem Kulturkreis, in welcher Gesellschaft oder mit welcher Erziehung unsere Kleinen heranwachsen, denn selbst eineiige Zwillinge, die in frühester Kindheit getrennt wurden und in unterschiedlichen Ländern mit anderen Kulturen und Religionen, in verschiedenen sozialen Verhältnissen aufwuchsen, werden sich als Erwachsene nur wenig ähneln, obwohl sie gleiche Erbanlagen mitbekommen haben.

Kindliche Entwicklung und Umwelteinflüsse

Immer häufiger hört man von Pädagogen aus Kindergarten und Grundschule, daß die Kinder heute unruhiger und konzentrationsschwächer sind als früher. Eine Statistik der Unfallversicherung brachte zutage, daß die Unfallhäufigkeit im Vorschulalter extrem angestiegen ist. Meiner Meinung nach ist an all diesen Erscheinungen u.a. die veränderte Umwelt schuld. Es gibt keine Anzeichen, daß unsere Kinder mit weniger guten Erbeigenschaften als ältere Generationen ausgestattet sind. Nach der Formel: *„Phänotyp = Genotyp + Umwelt"* muß der Grund der Verhaltensänderung der Kinder in der veränderten Umwelt zu suchen sein. Im folgenden sollen einige Umweltveränderungen aufgezeigt und Konsequenzen daraus gezogen werden.

Die Familienplanung sieht bei einem Ehepaar unserer Zeit anders aus als noch vor zwei Generationen. Die modernen Verhütungsmittel ermöglichen es, die Geburt des ersten und meist auch einzigen Kindes erst dann zuzulassen, wenn die berufliche Karriere, die häusliche Einrichtung und die privaten Wünsche es erlauben. Meist sind dann die Mütter schon im dritten Lebensjahrzehnt. Wenn dann das so geplante und dann auch sehnlichst erwartete Kind geboren ist, richtet sich alles auf den neuen Erdenbürger ein. Die gebündelte Aufmerksamkeit der Eltern und Verwandten, die ja auch nicht mehr mit reichlichem Kindersegen in der Familie verwöhnt werden, ruht auf dem einen Kind. Diese auf jeden Fall verständliche Freude und durchaus zu bejahende Situation wird aber häufig übertrieben. Machen sich denn die Erwachsenen auch darüber Gedanken, ob das Kind so viel Aufmerksamkeit ertragen kann?

Nicht selten überschütten die jungen Eltern und Anverwandten schon den Säugling mit teurem Spielzeug, das auch noch hohen erzieherischen Wert haben soll. Denn aus unserem Kind soll ja einmal etwas Besonderes werden. Leider wird dabei häufig übersehen, daß viele Spielzeuge eher zur Phantasielosigkeit verleiten und dem Kind kaum Informationen liefern. Natürliche Materialien mit unterschiedlichen Formen, rauhen und kuscheligen Oberflächenstrukturen, verschiedenartigem spezifischen Gewicht, harter und weicher Beschaffenheit und vielfältigen Ausmaßen liefern mehr Informationen über die Umwelt als irgend ein technisches oder elektronisches Spielzeug. Es ist aber keine Seltenheit mehr, daß Kinder auf dem Wickeltisch mit einem piependen und blinkenden Plastikgerät abgelenkt werden.

Viele Mütter haben dank des Erziehungsurlaubs viel Zeit für ihr Kind. Diese vom Gesetzgeber so positiv erachtete Entscheidung kann aber auch ihre Schattenseiten haben. Die so entlasteten Eltern erklären sich zum alleinigen Spielpartner des Kindes. Damit aber noch nicht genug. Sie wählen das Spielzeug aus, bestimmen die Spiele und definieren die Regeln. Dabei erwarten sie von ihren Kindern Reaktionen, wie von einem Erwachsenen. Kinder wollen zwar spielen, aber sie müssen zwischendurch auch das Erlebte verarbeiten. Der Wechsel von tiefer Versunkenheit zu rastlosem Hantieren und dann wiederum endlosem wiederholten Ausprobieren, das unstete Sich-Beschäftigen und Abwenden von Gegenständen und Situationen ist typisch für ein Kleinkind. Da dieses Verhalten auf Erwachsene chaotisch wirkt, greifen viele „korrigierend" ein, ohne zu bedenken, daß ein gesundes Kind im Grunde genommen nichts „Falsches" tut.

Jedes Kind hat Anspruch auf zerschundene Knie, Beulen am Kopf und sonstige Blessuren. Wie soll ein Kind lernen, sich in den mannigfaltigen Situationen des Lebens zurechtzufinden, ohne selbst Erfahrungen sammeln zu dürfen? Wie soll ein Kind lernen, eine Aufgabe richtig einzuschätzen? Die eigenen Fähigkeiten können nur durch Ausprobieren, durch Erfolg und Mißerfolg, richtig beurteilt werden. Deshalb besitzt der Satz, der in den Kinderhäusern der Maria Montessori geprägt wurde heute genauso wie damals höchste Aktualität: „Hilf mir, es selbst zu tun". Piaget bringt es mit dem Satz: „Alles was wir einem Kind beibringen, kann das Kind nicht mehr lernen" auf den Punkt. Der Erwachsene soll das Kind nicht sich selber überlassen, er soll ihm aber auch nicht jede Tätigkeit abnehmen oder es vor jeder kleinen Verletzung bewahren.

Der Weg zur Selbständigkeit und Selbsterfahrung kann aber auch nicht heißen, aus Kindern kleine Erwachsene zu machen. Wie oft erlebe ich, wie diese Dreikäsehochs zu Entscheidungsträgern gemacht werden. Aus einem falsch verstandenen liberalen Humanismus werden diese Kinder völlig überfordert. „Kinder sind Gäste, die uns nach dem Weg fragen" heißt der Titel eines Erziehungsratgebers. Wir sollten unseren Kindern helfen, den Weg in unsere Gesellschaft mit ihren Regeln, Normen, Grenzen und Besonderheiten zu finden, ansonsten bekommen wir orientierungslose, chaotische Tyrannen. In der besonderen Umgebung im Wasser wird recht schnell deutlich, ob die Eltern oder das Kind die Initiative in der Erziehung übernommen haben. Und die Erziehung beginnt wechselseitig direkt nach der Geburt!

Wahrnehmung und Bewegung

Neben der frühen Erziehung wird das Kind durch die Signale, die es aus seiner Umwelt empfängt, entscheidend geprägt. Mit der Reizfülle hat sich in unserer schnellebigen Zeit einiges geändert hat. Diese Veränderung wirkt sich zwangsläufig auf die Wahrnehmungsverarbeitung, die sich im Säuglingsalter gerade erst entwickelt, entscheidend aus. Der Mensch verfügt über mehr als nur die berühmten „Sieben Sinne". Er empfängt Informationen aus seiner Umgebung über die Augen, Ohren, Nase und Mund. Die Haut, das Gleichgewichtsorgan, Muskeln, Sehnen und Gelenke liefern körperliche Reize. Und aus dem Körperinnern werden Infos über die Organe, z.B. Magen, Darm oder Herz, empfangen. Schon das Neugeborene zeigt, ob es müde oder hungrig ist, ob ihm das Wiegen und Streicheln gefällt oder ob Geräusche schön sind oder erschrecken. Die Ungeborenen beginnen schon im embryonalen Stadium, aus diesen unterschiedlichen Nachrichten Informationen zu entdecken, sie zu unterscheiden und dann zu verarbeiten. Anfangs sind es die Haut- und Bewegungsreize, dann kommen die Gleichgewichtsreize, das Hören, Schmecken und Sehen hinzu. Nach der Geburt setzt sich das Zusammenfügen der verschiedenen Informationen fort. Der Mensch gewinnt so immer genauere Kenntnis von sich und seiner Umwelt. Wie schon anfangs erwähnt, spielen in den ersten drei Lebensjahren Wahrnehmung und Bewegung die entscheidende Rolle in der Entwicklung. Ein Zuviel oder Zuwenig im sensomotorischen Bereich stört die harmonische Entwicklung.

Besonders hier wirkt sich die veränderte, technisierte Umwelt in der Entwicklung unserer Kinder aus. Neben dem Verkehrslärm auf den Straßen und in der Luft dudelt Musik an allen Orten. Im Kaufhaus, in der Arztpraxis, aber auch zu Hause laufen Radios, Recorder und Fersehgeräte. Nicht selten sieht man schon Vorschulkinder mit Kopfhörern eines Walkmans auf den Ohren und Säuglinge werden nicht mehr von der Mutter in den Schlaf gesungen, weil der Recorder die Aufgabe übernommen hat. Neben dieser akustischen Überreizung werden schon die

ganz Kleinen auch optisch überfordert. Bei vielen Autokinder-
sitzen können sie aus dem Fenster schauen und erleben, wie die
Landschaft vorbei rauscht. Im gleichen Maße sausen Bilder vor
den Augen des Kindes entlang, wenn es im Einkaufswagen durch
den Supermarkt gefahren wird. Der Fernsehapparat scheint das
beste Kindermädchen zu ersetzen. Viele Kinder werden vor die
„Glotze" gesetzt, wenn Mutter es eilig hat und die Wohnung auf-
räumen will oder das Essen bereiten möchte.

Dieser Reizüberflutung steht deutlich ein Bewegungsmangel
gegenüber! Denn wenn ein Kind brav vor dem Fernseher sitzt,
bewegt es sich nicht. Der Fahrstuhl im Haus, die Spielverbote
im Hof und auf dem Rasen, die uninteressanten Spielplätze, das
elektronische Spielzeug, all diese Situationen und noch viele
mehr führen zu einer Bewegungsarmut. Die Folge ist ein deutli-
ches Ungleichgewicht von Wahrnehmung und Bewegung. Diese
sensomotorische Dysbalance wird selten von den Eltern als bedrohlich angesehen. Immer noch scheint die Betonung des Gei-
stes gegenüber dem Körper in unserem Kulturkreis einen höheren Stellenwert zu besitzen. Dabei vergißt man allzu leicht, daß
ein gesunder Geist nur in einem gesunden Körper wohnt. Selbst
körperlich Behinderte dürfen nicht darauf verzichten, ihren Körper – so weit es geht- zu pflegen und trainieren.

Die Lösung aus dieser Sackgasse kann nur heißen, unseren
Kindern so früh und oft wie möglich wieder interessante Bewe-
gungsmöglichkeiten anzubieten, die sie gerne annehmen. Der
Aufenthalt im warmen Wasser ähnelt dem Zustand im Mutterleib, wo ja die Bewegungen und die Wahrnehmung angebahnt
und entwickelt wurden. Beim Babyschwimmen wirken kind- und
altersgemäße Reize, sogenannte Basalreize der Haut, der Bewegung und des Gleichgewichtes und fördern unsere Kinder in der
gesamten Entwicklung. Daher sollte das Baby- und Kleinkinderschwimmen allein aus diesem Grunde, neben dem Spaß, den
Eltern und Kinder dabei haben, eine größere Verbreitung erfahren.

Babyschwimmen – was ist das eigentlich?

Sicherlich haben auch Sie schon einmal gehört, daß man einen Säugling nur ins Wasser zu werfen braucht und dann schwimmt er. Wieviele Babys mögen wohl so etwas erduldet haben oder schrecken Eltern nicht doch vor einer solch brutalen Aktion zurück? In den ersten sechs Monaten besitzt zwar ein Baby einige Besonderheiten, die es ihm ermöglichen, sich unter Wasser zu bewegen, aber ob diese Eigenschaften in der Schöpfung dem Neugeborenen zum Tauchen mitgegeben wurden, ist zweifelhaft.

Schwimmreflex

Wird ein Säugling ins Wasser gehalten, beginnt er nach einer Weile der Anpassung an die neue Situation, mit den Armen und Beinen zu strampeln und zu rudern. *(Foto 1)* Diese Bewegungen werden als Schwimmbewegungen bezeichnet. McGraw

Foto 1: Brustgriff mit einer Hand

deutete dieses Phänomen als Schwimmreflex, der immer dann ausgelöst wird, wenn das Baby bäuchlings ins Wasser eingetaucht wird. Meines Erachtens sind dies einfach Bewegungen der Freude, da sich ein Kind in diesem Alter neben seiner Mimik nur so ausdrücken kann. In anderen lust- und freudbetonten Umständen fuchtelt es ebenfalls mit Armen und Beinen. Im Wasser, wo der Auftrieb den Körper entlastet, fallen die Bewegungen leichter und sind dadurch ausgeprägter als gegen die Schwerkraft. Säuglinge reagieren in unangenehmen Lagen ebenfalls mit Arm- und Beinbewegungen. Jedoch ist dieses Strampeln hektisch und deutlich von dem harmonischen, rhythmischen Strampeln zu unterscheiden, wenn sich das Kind wohlfühlt.

Tauchreflex

Häufig wird der Atemschutzreflex mit dem Tauchreflex gleichgesetzt. Es handelt sich aber um zwei verschiedene Phänomene. Beim Tauchreflex, über den alle Säugetiere, die im Wasser leben oder jagen und über den auch der Mensch verfügt, sinkt der Grundumsatz, wenn das Gesicht benetzt wird. Sie können dies überprüfen, wenn Sie nach Anstrengung den Puls messen und dann Ihr Gesicht für ein paar Sekunden ins Wasser tauchen. Die Herzfrequenz sinkt. Diese Tatsache war immer wieder Anlaß darüber zu spekulieren, ob der Mensch in seiner Entwicklung im und am Wasser gelebt hat. Säugetiere, die im Wasser jagen, können mit diesem Reflex länger unter Wasser bleiben.

Atemschutzreflex

Wird das Gesicht des Säuglings mit Wasser benetzt, so blokkiert er die Atmung, indem die Stimmritzen in der Kehle geschlossen werden. Dieser Atemschutzreflex wird zum Tauchen benutzt. Nachdem dem Kind Wasser ins Gesicht gespritzt wurde, wird es nach einem festgelegten Handlungsschema für zwei bis drei Sekunden untergetaucht. In den Empfehlungen des amerikanischen Schwimmschulverbandes klingt das so: Wenn Ihr Kind Sie beim Rückwärtsgehen anschaut, beginnen Sie mit dem künftigen Ritual. Sie sagen den Namen Ihr Kindes und rufen dann: „Achtung, los!" Während Sie "Achtung" sagen, heben Sie Ihr Baby etwas hoch (aber nicht ganz aus dem Wasser) und richten sich auch selbst leicht auf. Wenn Sie „Los" sagen, tauchen Sie selbst unter und ziehen Ihr Kind mit sich unter Wasser. Das Kind befindet sich dabei immer in der Bauchlage. Durch das Rückwärtsgehen, kann weniger leicht Wasser in die Nase des Kindes dringen. Das darauf ablaufende Handlungsschema wirkt auf das Kind als eine Folge von visuellen und akustischen Reizen, die im Untertauchen münden. Wichtig ist, daß alle Schritte immer gleich und überzeugend ablaufen, um beim Kind keinen Zweifel aufkommen zu lassen.

Diese Lernform ist als reaktives Konditionieren oder Signallernen durch den Russen Pawlow bekannt geworden. Alle Autoren, die das Untertauchen der Säuglinge beschreiben, verheimlichen nicht, daß – zumindestens anfangs – einige Kinder irritiert sind oder schreien. Erst nach mehreren Versuchen gewöhnen sie sich daran. In der Literatur besteht auch keine einheitliche Meinung, wie lange dieser Atemschutzreflex andauert. Während in Teilen der Literatur sechs bis sieben Monate angegeben werden, soll laut Odent dieser Reflex schon mit drei oder vier Monaten verschwinden. Dementsprechend müßte bei Methoden, bei denen die Säuglinge untergetaucht werden, das Anfangsalter der Kinder viel jünger sein, um den Reflex noch auszunutzen.

Ich habe selbst bei meinen Besuchen anderer Babyschwimmkurse beim Tauchen immer wieder sich verschluckende und weinende Kinder gesehen. Aus diesem Grunde habe ich noch nie einen Säugling untergetaucht. Bisher hat man mir noch nicht den Sinn des Tauchens erklären können. Ich werde im praktischen Teil zeigen, daß man viele Übungen im Wasser durchführen kann, die den Kindern Spaß machen, entwicklungsanregend wirken und die Wassergewöhnung fördern. Alle Kinder, die „wasserscheu" zu mir kamen, hatten nach nur ein, zwei Stunden die Freude am Wasser entdeckt. Ob das mit

Tauchübungen auch zu erreichen wäre, wage ich zu bezweifeln.

Der Atemschutzreflex dient mit Einschränkungen ursprünglich dazu, bei der Aufnahme flüssiger Nahrung die Stimmritze zu schließen, damit die Nahrung in der Speiseröhre und nicht in der Luftröhre landet. Nun gibt es – gerade bei behinderten Kindern – immer wieder Schwierigkeiten beim Essen. Sie verschlucken sich häufig und speien die Nahrung wieder aus. Diese Kinder würden sich beim Tauchen auch verschlucken. Der Integrationsgedanke bedeutet, mit behinderten und nichtbehinderten Kindern gemeinsam etwas zu erleben. Danach müßten alle tauchen, wobei einige dabei nur Unangenehmes erleben würden, oder wir verzichten alle auf das Tauchen. Nach mehr als 25 Jahren Anleitung zum Babyschwimmen hat noch kein Elternteil bei mir verlangt, sein Kind unterzutauchen. Obwohl viele Eltern von diesen Praktiken wissen, scheinen sie in meinen Kursen kein Bedürfnis dazu zu verspüren.

Brust- oder Rückenschwimmen?

Das spezifische Gewicht des Säuglings- bis auf den knöchrigen Kopf – ist geringer als das des Wassers. Das bedeutet, daß Babys vom Wasser getragen werden. Legt man sie in Rückenlage ins Wasser, so schweben sie, wenn anfangs der Kopf unterstützt wird. In der früheren „DDR" gab es extra dafür gefertigte schwimmende Kopfstützen. Nach mehreren Wiederholungen ist das Kind in der Lage, auch ohne Unterstützung den Kopf selbst so zu halten, daß er nicht untertaucht. Da die Kopfposition die gesamte Körperlage beeinflußt, ist es in der Rückenschweblage wichtig, daß der Kopf ruhig gehalten wird. Wird der Kopf zur Seite gedreht, rotiert der ganze Körper um die Körperlängsachse und das Kind landet in der Bauchlage.

In der Rückenlage ist das Blickfeld äußerst eingeschränkt. Viele Kinder mögen diese Lage überhaupt nicht und spätestens mit acht/ neun Monaten löst die Rückenlage heftige Reaktionen des Kindes aus, um sich aus dieser Position zu befreien. Ich benutze die Rückenlage nur bei Kindern, die diese Lage tolerieren und Schwierigkeiten mit der Kopfkontrolle oder einen Schiefhals haben.

Die unterschiedlichen Ziele und Praktiken beim Babyschwimmen

Vergleicht man die in der Welt existierenden Babyschwimmprogramme, so wird man fünf unterschiedliche Ziele erkennen, die mit dem Babyschwimmen erreicht werden sollen. Sicherlich weichen die Programme in vielen kleinen Details von einander ab. Aber generell werden folgende Ziele angestrebt:

⇨ Selbstrettung
⇨ Frühes Schwimmenlernen
⇨ Unterwasserbabys
⇨ Spiel und Spaß im Wasser
⇨ Frühförderung und Therapie

Entsprechend dem Ziel verändert sich auch die Methode des Unterrichts: Das Anfangsalter, die Benutzung von Hilfsmitteln und Auftriebshilfen, die Rolle von Lehrer und Eltern, ob ganzheitlicher oder funktionalistischer Unterricht, all das beeinflußt die Form des Babyschwimmens und den Umgang mit dem Kind.

Selbstrettung

In vielen Ländern der Erde, wo zum gehobenen Lebensstandard der private Swimmingpool im Garten gehört, wird für Säuglinge ein Überlebenstraining angeboten. Anfangs werden die Kinder vom Schwimmlehrer untergetaucht und anschließend von den Eltern auf dem Arm beruhigt. In der zweiten Stufe lernen sie mittels einer speziellen Schwimmhilfe, sich auf den Rücken zu drehen. In der dritten Phase werden die Kinder untergetaucht, müssen sich selbständig umdrehen und schweben wegen ihres günstigen spezifischen Gewichts in der Rückenlage. Da sie starr vor Angst sind, verhalten sie sich bewegungslos und laufen so nicht Gefahr, sich wieder auf den Bauch zu drehen.

Regent LaCoursiere, bei dem ich mir in Montreal dieses Programm anschaute, verweist darauf, daß diese Prozedur nur vom

Schwimmlehrer durchgeführt werden darf, da es ansonsten zu Störungen in der Mutter – Kind – Beziehung kommen kann.

Bei meinem Besuch standen etwa zehn Mütter mit ihren sechsmonatigen Kindern auf dem Arm im Wasser. Wenn sich nun der Schwimmlehrer einem Kind näherte, um es aus dem mütterlichen Arm zu nehmen, begann es schon zu schreien. Auf meine Frage an LaCoursiere, ob ihn das nicht störe, antwortete er: „Ganz im Gegenteil, durch das Schreien kann ich die Atmung besser kontrollieren, um es zum richtigen Zeitpunkt, wenn das Kind eingeatmet hat, unterzutauchen." Das Schreien nach dem Untertauchen während des Schwimmens in der Rückenlage interpretierte er ebenfalls positiv. Durch das Schreien wird nach einem möglichen Badeunfall die Aufmerksamkeit der Erwachsenen auf das Kind gelenkt, und es kann gerettet werden.

Mich erstaunte, daß die Kurse gut besucht waren. Zum Ende einer Stunde konnte ich mehrere schreiende Bündel in Rückenlage im Wasser gleichzeitig schwimmen sehen. Eltern müssen schon durch Badeunfälle aufgeschreckt sein, wenn sie ein solches Programm mit ihren Kindern durchführen. Mit welchem Preis wird die vermeintliche Sicherheit der Kinder erkauft, anstatt einen kindersicheren Zaun um den Swimmingpool zu ziehen?

Frühes Schwimmenlernen

Die Angst vor dem Ertrinken, aber auch der Leistungsgedanke, durch frühzeitiges Schwimmenlernen später im Wettkampf eine Medaille zu gewinnen, können Grund für das frühzeitige Schwimmenlernen sein. In Japan, wo ich eine Gruppe von Sportlehrern im Babyschwimmen ausbildete, wurde ich häufig mit dem Leistungsgedanken konfrontiert. Nur wer in diesem Land schon im richtigen Kindergarten einen Platz bekommt, kann später auf eine der wenigen Eliteschulen wechseln. Lediglich diese Schulabsolventen können an der Universität von Tokio studieren und ihr Examen machen, um dann eine gute Anstellung zu bekommen. Im Sport wird genau dieser Weg beschritten. Je früher das Ziel angestrebt wird, um so größer ist die Chance, später Erfolg zu haben.

Die Wege, das Ziel des frühen selbständigen Schwimmens zu erreichen, sind unterschiedlich. Werden die Babys untergetaucht, so lernen sie, sich ein Stück unter Wasser fortzubewegen. Sie tauchen anfangs eine kleine Strecke, die aber durch Übung später einige Meter betragen kann. Wird die Luft knapp, tauchen sie auf und müssen aufgefangen werden. Anfangs helfen die Eltern, später wird auch der Beckenrand zum Festhalten benutzt. Der weitere Schritt ist nun, das Kind nach dem Einatmen wieder untertauchen zu lassen, bis es gelernt hat, selbständig aufzutauchen, Luft zu schnappen, um dann wieder zu tauchen. Dieses Tauchschwimmen ist bei größeren Kindern weit verbreitet. Beim Babyschwimmen wird angestrebt, die Zielvorstellung schon vor dem ersten Lebensjahr zu erreichen.

Bei dem anderen Weg zum Frühschwimmen werden Auftriebshilfen – häufig Schwimmflügel oder Schwimmreifen – eingesetzt, deren Auftrieb immer wieder reduziert wird, bis das Kind ohne Auftriebshilfen schwimmen kann.

In beiden Fällen werden die Kinder dem Ziel des frühen Schwimmenlernens untergeordnet. Nicht die Interessen des Kindes bestimmen die Kursinhalte und das Lerntempo, sondern das angestrebte Ziel. Diese Form des Lernens widerspricht völlig der Natur des jungen Kindes. Es geht daher auch selten ohne Tränen ab. Wie ich schon zeigte, können sich Babys und Kleinkinder noch nicht auf eine Sache konzentrieren, sondern wechseln spielerisch von einer Sache zur anderen. Das widerspricht aber dem systematischen Lernen. Ob diese Kinder später gerne schwimmen gehen, ist fraglich.

Unterwasserbabys

In immer mehr Kliniken in immer mehr Ländern wird die Wassergeburt praktiziert. Dabei passiert es häufig, daß das Kind ins Wasser hinein geboren und dann nach wenigen Minuten von der Mutter selbst zu sich an die Oberfläche gezogen wird, um den ersten Atemzug zu tun. Da die Kinder, die ins Wasser hineingeboren wurden, davon keinen Schaden hatten, nehmen die Eltern sie schon im Alter von nur wenigen Tagen mit ins

Schwimmbad, um mit ihnen zu tauchen. Diese Entwicklung ist noch nicht sehr alt, da sich ja auch die Wassergeburt erst allmählich verbreitet. Natürlich sind bei diesen jungen Säuglingen besondere Maßnahmen notwendig. Häufig leiten Hebammen, die sich in der Wassergeburt haben weiterbilden lassen, die Eltern der Wasserbabys an. Ich sehe bei diesen Maßnahmen einen Widerspruch. Einerseits wird die Wassergeburt praktiziert, um das Kind stressfrei in unsere Welt zu holen, andererseits werden bei den Schwimmbadbesuchen im Alter von nur wenigen Wochen die Säuglinge dann durch eine Menge Reize irritiert. Denken Sie nur an den Transport, die vielfältigen Reize im Schwimmbad und das An- und Auskleiden.

Spiel und Spaß

In diesen Kursen steht der Spaß im Vordergrund. Eltern spielen mit und ohne Spielzeugen mit ihren Kindern im Wasser. Dabei werden die Kinder mit verschiedenen Griffen gehalten oder unterstützt. *(Foto 2)* Die Kinder können in verschiedenen Schwüngen durch das Wasser gezogen werden. Im Wasser traut man sich leichter, das Kind in die Luft zu werfen und es wieder aufzufangen. Sprünge vom Beckenrand ins Wasser machen

Foto 2: Badewannensicherheitsgriff

Spaß, wenn man anfangs vorsichtig beginnt. *(Foto 3)* In der Schweiz nennt man diese Einrichtung „Schwimmplausch". Eltern, Geschwisterkinder und Babys sind gemeinsam im Wasser und erleben zusammen eine besondere Situation, die sich von dem normalen Alltag deutlich abhebt. Häufig sind diese

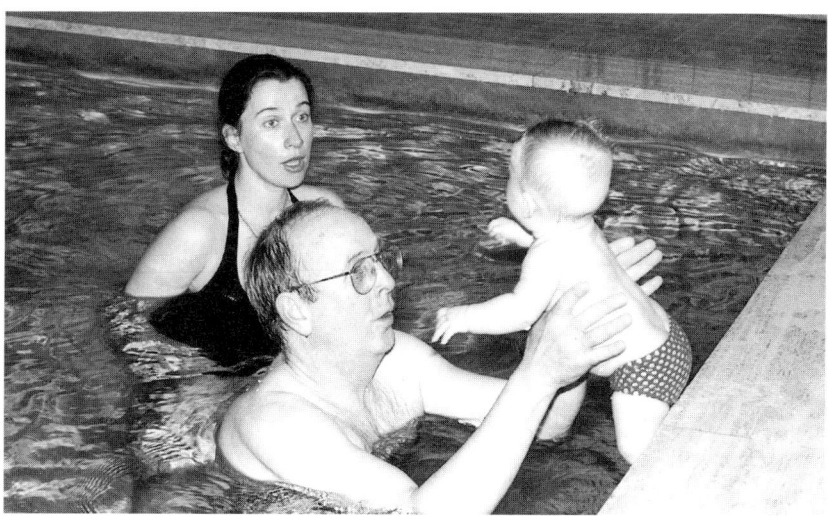

Foto 3: Sprung vom Rand

Schwimmstunden für die gesamte Familie der Höhepunkt der Woche. Obwohl die Familien ihre eigenen Ideen mit einbringen, ist es doch von Vorteil, einen erfahrenen Babyschwimmlehrer dabei zu haben, der Spielvorschläge macht, den Eltern Sicherheit gibt und zeigt, wie das Baby am besten gehalten wird. Er sollte auch dafür sorgen, daß die Babys nicht überfordert werden und die Stunde für alle glücklich endet.

Frühförderung und Therapie

Immer wieder habe ich von Eltern erfahren, daß ihren Babys das zwanglose Spielen und Plantschen im Wasser nicht nur gefällt, sondern daß sie sich auch prächtig entwickeln. Es fiel auf, daß häufig nach der Säuglingsschwimmstunde wieder ein „Meilenstein der Entwicklung" erreicht wurde. Die wissenschaftliche Untersuchung an der Sporthochschule Köln bestätigt die Beobachtungen der Eltern in eindrucksvoller Weise. Es wurde zwar festgestellt, daß sich Schwimmkinder besser entfalten, aber der Grund hierfür wurde nicht mitgeliefert.

Eines Tages besuchte mich der Leiter einer kinderärztlichen Beratungsstelle – heute sagt man Sozialpädiatrisches Zentrum – in meiner Schwimmschule, um zu schauen, was ich denn so mit den Kindern mache. Er berichtete, daß auch behinderte Kinder, die zu mir kamen, sich besser entwickeln als solche, die nicht „schwimmen". Dieser Besuch war die Initialzündung für mich, zu überlegen, warum sich Kinder im Wasser besser entwickeln. Welche Reizwirkung besitzt das Wasser und wie wirken sich diese Reize auf Babys und Kleinkinder aus. Zusätzlich überprüfte ich, wie die verschiedenen Übungen und Spiele bei den Kindern wirken. Mit dem zunehmenden Wissen über die psychische und physische Entwicklung des Menschen und ihrer Abweichungen, die ich in Gesprächen mit Ärzten, Therapeuten und aus einem ausgiebigen Literaturstudium gewann, kamen neue Übungen und Spiele hinzu, und es wurden neue Spielgeräte ausprobiert.

Im Wasser fallen Behinderungen nicht so stark auf wie am Land. Zudem sind alle Kinder ja noch recht klein und stehen am Anfang ihrer Entwicklung. Das erleichtert es, mit behinderten und nicht behinderten Kindern gemeinsam in einer Schwimmgruppe zu sein. Ich habe noch nie – so lange ich integrativ arbeite – von Eltern gehört, daß es sie stört, daß Behinderte in der Gruppe sind. Im Gegenteil, häufig erlebe ich nach einer anfänglichen Betroffenheit bei besonders schwer behinderten Kindern, daß sich die anderen Eltern über die Fortschritte des Kindes mitfreuen. Nach solchen Stunden sind alle glücklich und zufrieden.

Zur Zeit kenne ich nur noch Arbeiten aus Finnland und Frankreich, die ebenfalls so früh mit behinderten Kindern im Wasser arbeiten und dieses Medium zur Frühförderung nutzen. Ich nenne meine Arbeit lieber Säuglingsschwimmen, um es von den Babyschwimmprogrammen abzugrenzen. Während bei den ersten drei beschriebenen Zielsetzungen das Untertauchen der Babys unerläßlich ist, wird beim Spaßprogramm auch getaucht, aber es kann auch darauf verzichtet werden. Ich kenne einige Einrichtungen, die mittlerweile das Tauchen ganz aufgegeben haben.

Bei meiner Arbeit wird grundsätzlich auf das Tauchen verzichtet. Ein weiterer Unterschied meiner Arbeit zu den anderen Programmen ist der ganzheitliche Ansatz. Nur so kann man den Kindern in dieser Entwicklungsphase gerecht werden. In einer Zeit, in der das Entdecken der Umwelt im Vordergrund stehen soll, dürfen die Kinder nicht durch lernzielorientierten Unterricht in ihrer Entfaltung eingeschränkt werden. Nur so können die Kinder sich das holen, was sie brauchen. Freies Lernen, offener Unterricht bedeutet aber nicht nur Gewährenlassen, sondern verlangt von den Erwachsenen, das Umfeld mit Spielzeug und Spielideen so zu gestalten, daß die Kinder von sich aus kreativ und mobil werden.

Babyschwimmen – wozu eigentlich?

Stellungnahme der deutschen Sportärzte

Immer wieder wird von Teilnehmern am Babyschwimmen bestätigt, wie gut es den Kindern tut. Eigentlich hätten davon auch schon die Ärzte und speziell die Kinderärzte Kenntnis nehmen müssen. Statt dessen wird allenfalls auf mögliche Gefahren hingewiesen. Die Sektion „Kinder- und Jugendsport" des deutschen Sportärztebundes hat eine Empfehlung für Eltern und Ärzte zum Thema „Babyschwimmen" erarbeitet. Neben der Feststellung, daß Babyschwimmen gar kein Schwimmenlernen bedeutet, sondern eher eine spezielle Form der Mutter-Kind-Gymnastik im Wasser ist, nehmen die möglichen Gefahren breiten Raum ein. Infektionen durch das Schwimmbadwasser, Unterkühlung durch zu niedrige Wassertemperaturen, Ohrenentzündungen und übermäßiges Wasserschlucken werden als mögliche Gefahren des Säuglingsschwimmen genannt. In der Praxis konnte das bisher nicht bestätigt werden. Die niedergelassenen Kinderärzte hätten nach vielen Jahren Erfahrung mit wassergewöhnten Kindern sicherlich schon protestiert, wenn derartige Erkrankungen gehäuft auftreten würden. Als positiv wird in dem Ratgeber der Sportärzte der enge Eltern – Kind – Kontakt gewertet, der aber bei anderen Gymnastikformen ebenfalls besteht. Es wird keinerlei Bewertung der vielfältigen positiven Wirkungen des Babyschwimmens vorgenommen. Nach solch einer Stellungnahme wird kaum ein unschlüssiger niedergelassener Kinderarzt Eltern ermuntern, am Babyschwimmen teilzunehmen, da ja offensichtlich die Risiken höher erscheinen als der mögliche Nutzen. Genau das Gegenteil ist nach meiner Überzeugung der Fall.

Wassergewöhnung

Kindgerechtes „Babyschwimmen" ist eine ausgezeichnete Wassergewöhnung. Da mindestens ein Elternteil den Säugling ins Wasser begleitet, ist immer eine Bezugsperson in der Nähe.

Wenn schon zu Hause die Wassertemperatur des Badewassers gesenkt wurde, wird die Temperatur von 32°C als angenehm warm empfunden. Zu warmes Wasser führt zu Bewegungsunlust. Der sichere Umgang mit dem Kind, der den Eltern am Anfang vermittelt wird, läßt beim Baby erst gar keine Unsicherheit aufkommen. Schon kleine Bewegungen und Schwünge im Wasser regen das Kind an, mit Armen und Beinen zu strampeln. Schon nach der ersten Stunde „schwimmt" das heimische Badezimmer. Eltern bestätigen mir immer wieder, daß sie eine Steigerung der Bewegungen in der Badewanne nicht mehr für möglich hielten. Daß die Kinder zu Hause besonders stark planschen, während sie im Schwimmbad noch zurückhaltend sind, hat einen einfachen Grund. Im Schwimmbad müssen viele neue Reize verarbeiten werden, während das heimische Bad vertraut ist. Zu Hause kann man sich folglich auf das Wesentliche konzentrieren und das ist Planschen.

Verhält sich ein Kind beim Baden ängstlich, so machen die Eltern in den meisten Fällen etwas falsch. Dann sollten Sie sich fragen:

- Wird das Baden nur als Körperreinigung angesehen?
- Ist Spielzeug mit in der Wanne?
- Sind Waschlappen und Schwamm weich?
- Wird Kinderseife benutzt?
- Ist die Wanne rutschig oder zu eng?
- Wird das Baden kurz und bündig als notwendiges Übel veranstaltet?
- Ist die Temperatur zu hoch oder zu niedrig?
- Ist das Badezimmer zu grell beleuchtet oder zugig?
- Wird das Baden als Gefahrenquelle gesehen?

In den meisten Fällen muß nur eine Kleinigkeit geändert werden und schon fühlt sich das Baby wohl. Zum Beispiel eine Mullwindel oder ein Handtuch auf dem Wannenboden verhindern das Ausrutschen. Ab und zu warmes Wasser nachgießen schütz vor Auskühlen. Wichtig ist, daß die Eltern davon überzeugt sind, daß das Baden schön ist. Mit dieser Überzeugung wird das Kind auch Freude daran gewinnen.

Wassergymnastik – Säuglingsschwimmen – ein Widerspruch?

Natürlich lernen Babys in diesem frühen Alter kein Schwimmen. Außer bei den vorab beschriebenen „Stressprogrammen" dauert der Weg vom Tauchen über das Tauchschwimmen bis hin zum angstfreien Schwimmen im tiefen Wasser ohne Fremdhilfe bis zu zwei Jahre und mehr. Das Schwimmen in Schwimmflügeln und reduzierten Schwimmflügeln bis zum Frühschwimmen, wie es später noch beschrieben wird, dauert ebenso lange. Bis die Kleinen schwimmen können, sind sie keine Babys mehr. So gesehen ist der Begriff „Babyschwimmen" täuschend. Aber ist dann nicht auch der Begriff „Mutter-Kind-Turnen" irreführend, denn mit Turnen hat das ja auch noch nichts zu tun. In beiden Fällen sorgt aber das frühkindliche Üben für bessere spätere Voraussetzungen und es werden frühzeitig grundlegende Fertigkeiten geübt. Obwohl Bewegungsfreude angeboren ist, scheint sie heute bei manchem Kind zu verkümmern. Auf die Frage, mit der ein Kongreß zum Vorschulsport überschrieben war: „Kinder brauchen Bewegung – brauchen Kinder Sport?" muß man sich zu dem ersten Teil des Satzes eindeutig bekennen, jedoch bietet unser Umfeld immer weniger Bewegungsanreize. Spielen im warmen Wasser ist eine Möglichkeit, unseren Kindern frühzeitig zu Bewegungen zu verhelfen. Babyschwimmen ist dagegen nicht als sportpädagogische Maßnahme gemeint, um frühzeitig Goldmedaillen zu erringen. Es ist auch keine spezielle Wassergymnastik, sondern die einzelnen Übungen fördern Wahrnehmung und Bewegung im Wasser. In diesem Sinne ist Säuglingsschwimmen ein Teil einer frühkindlichen Bewegungserziehung, die wiederum Teil einer harmonischen frühkindlichen Erziehung ist. Sie ist Fundament aller späteren Erziehungsschritte. Renate Zimmer nennt als Ziele einer frühkindlichen Bewegungserziehung folgende Punkte:

• Dem Bewegungsdrang der Kinder entgegenzukommen und ihr Bewegungsbedürfnis durch kindgerechte Spiel- und Bewegungsangebote zu befriedigen,

- Kindern Möglichkeiten zu geben, ihren Körper und ihre Person kennenzulernen,
- zur Auseinandersetzung mit der räumlichen und dinglichen Umwelt herauszufordern,
- motorische Fähigkeiten und Fertigkeiten zu erweitern und zu verbessern,
- das gemeinsame Spiel von leistungsschwächeren und leistungsstärkeren Kindern zu ermöglichen,
- Gelegenheit zur ganzheitlichen, körperlich-sinnlichen Aneignung der Welt zu geben,
- zur Erhaltung der Bewegungsfreude, der Neugierde und der Bereitschaft zur Aktivität beizutragen
- Vertrauen in die eigenen motorischen Fähigkeiten zu geben und eine realistische Selbsteinschätzung zu ermöglichen (Zimmer 1993, S. 152/153)

Der frühkindliche Anpassungsprozeß an die Besonderheiten des Wassers führt zu einer innigen Vertrautheit mit dem Wasser, und das ist eine wichtige Voraussetzung für späteres sicheres Schwimmen. Sind Säuglinge körperlich dazu in der Lage, so können sie schon mit sechs Monaten in speziellen Schwimmflügeln völlig allein schwimmen. So gewonnene Selbständigkeit ist an Land erst viel später möglich und fördert das Selbstbewußtsein nachhaltig.

Die Wirkung des Wassers auf Babys und Kleinkinder

Wird ein Säugling das erste Mal im Schwimmbad ins Wasser gereicht, sollte er vorsichtig ins Wasser getaucht werden: zuerst die Füße, die Beine, den Leib und dann noch langsamer den Brustkorb. Ist der Brustkorb im Wasser kann man einen tiefen Schnaufer oder ein Stocken der Atmung beobachten. In diesem Moment registriert das Kind die veränderte Atmung, weil nun gegen den Wasserdruck geatmet werden muß. Dieses Phänomen erleben erwachsene Nichtschwimmer ebenfalls. Beim zweiten oder dritten Mal erinnern sich die Kinder und passen automatisch ihre Atmung dem höheren Druck an. Aber nicht nur die Atmung, sondern auch die Herz- Kreislauffunktion, der höhere Druck auf der Haut und die Temperaturempfindung sind neu. Hinzu kommt, daß der Gleichgewichts- und Bewegungssinn und eine Fülle von körperfernen Reizen wie Hören, Sehen, Riechen und Schmecken auf das Kind wirken. Bei dieser geballten Reizüberflutung sollte die Mutter ihr Kind erst einmal fest im Arm an sich drücken und abwarten. Ruhiges Wiegen und großflächiges Streicheln der Haut beruhigen in jeder Situation und helfen, sich an den Wasseraufenthalt zu gewöhnen. Das Kind sollte in dieser Phase Gesicht zu Gesicht gehalten werden, damit es die Mutti und nicht die fremde Umgebung sehen kann.

Überhaupt spielt das Auf-dem-Arm-Tragen beim Babyschwimmen eine wichtige Rolle. Durch die spärliche Badekleidung besteht ein direkter Körper- und Hautkontakt. Außerdem sind die Köpfe von Mutter und Kind auf der gleichen Ebene. Dieses Gedrücktwerden und das Umsorgtsein macht das Kind glücklich und begründet eine enge soziale Bindung. In der früheren „DDR" wurde Säuglingsschwimmen deshalb bei Adoptionen verordnet, um gerade über diesen engen Körperkontakt Zugang zum Kind zu finden

Bisweilen versuchen Eltern ihre Kinder mit den Worten: „Du brauchst keine Angst zu haben" oder „Das ist ja nicht schlimm, ich habe dich ganz fest." zu beruhigen und ihnen Mut zuzusprechen. Das sind Worte, die immer nur zu bedrohlichen Anlässen gesprochen werden. Denn auch wenn man keine Angst zu haben braucht, könnte es ja doch gefährlich werden. Natürlich ist das Kind erst einmal von all dem Neuen tief beeindruckt. Wenn aber die Eltern Sicherheit ausstrahlen, Zuversicht zeigen und sich in der fremden Umgebung wohl fühlen, wird sich das Kind nicht fürchten. Wichtig ist, daß das Kind sicher gehalten wird und das Gesicht der Eltern Ruhe und Freude vermittelt. Häufig habe ich aber den Eindruck, daß sich die Eltern eher selbst Mut zusprechen, als daß sie ihr Kind beruhigen wollen. Um die Zeit zu überbrücken, in der sich Eltern und Kinder an die neue Situation anpassen, erkläre ich in dieser

Situation den Eltern, was gerade im Kinde vor sich geht. Zusätzlich zeige ich, wie man das Kind im Wasser halten und dabei den Auftrieb des Wassers nutzen kann. Auf einem angezogenen Knie kann das Kind abgesetzt werden, wenn es aus der Rücken- in die Bauchlage oder umgekehrt gedreht werden soll. *(Foto 4)* Überhaupt dient der elterliche Körper zum Stützen

Foto 4: Das elterliche Knie als Stütze

und Sichern. Der Hinweis, welche Wirkung die Worte der Eltern haben können, wenn sie das Wasser als nicht bedrohlich darstellen („Das ist doch nicht schlimm" anstatt: „Schau mal, wie schön es hier ist"), erstaunt oftmals die Eltern, da der Trost fürs Kind häufig unbewußt gesprochen wird.

Die meisten Kinder wirken anfangs introvertiert. Sie horchen in sich hinein, da sich ja vieles im Körper verändert hat. Beim zweiten Schwimmbadbesuch kennen sie die eigenen Körperreaktionen und beachten das Geschehen um sich herum.

Auch haben die meisten Säuglinge in der ersten Stunde eine stark angespannte Muskulatur. Im Verlaufe der Stunde normalisiert sich der Muskeltonus weitestgehend. Das Kind ist im besten Sinne des Wortes gespannt, was passieren wird. Aus diesem Grunde sind Probestunden, ob es dem Kind wohl gefallen wird, nicht aussagekräftig. Das kindliche Verhalten der ersten Stunde unterscheidet sich von dem der folgenden Stunden deutlich. Auch die Eltern sind beim zweiten Mal gelassener und strahlen mehr Ruhe aus.

Sollte ein Kind weinen – das kann auch in einer späteren Stunde geschehen – hat es einen Grund, den es gilt, herauszufinden:

- Fühlen sich die Eltern im Wasser sicher?
- Ist die Badetemperatur zu Hause auf die Schwimmbadtemperatur angepaßt worden?
- Stimmt der Lebensrhythmus mit der Schwimmzeit überein?
- Ist das Kind hungrig?
- Bekommt es Zähne oder fühlt sich aus einem anderen Grund nicht wohl? (Es hat schon unruhig geschlafen. Es ist geimpft worden.)

In den meisten Fällen kann man leicht erkennen, woran es liegt, um es dann zu ändern. Ein weinendes Kind, das sich nicht beruhigen läßt, sollte aus dem Wasser. Manchmal hilft dann eine kleine Zwischenmahlzeit, um es zu beruhigen. Schlägt ein zweiter Versuch wieder fehl, wird die Stunde beendet. Häufig stellt sich ein paar Tage später heraus, daß schon ein Infekt im Kind war, mit dem es sich auseinandersetzen mußte. In dem Fall ist das Schwimmen nicht zu empfehlen. Der bloße Aufenthalt im Wasser fordert schon einen höheren Grundumsatz und ist daher anstrengend.

Jede Bewegung wird über den Gleichgewichts-, Muskel-, Sehnen- und Gelenksinn registriert. Im Wasser kommt der Hautsinn hinzu, denn bei jeder Bewegung strömt ja Wasser an der Haut vorbei. Die Bewegungen werden intensiver als an Land gespürt, was bei Kindern mit speziellen Behinderungen ganz wichtig ist. Einerseits erleichtert die Schwerelosigkeit die Motorik, da die Einwirkung der Schwerkraft durch den Auftrieb nahezu aufgehoben ist, andererseits bremst der Wasserwiderstand die Bewegung und es kostet mehr Kraft. Da der Wasserwiderstand mit wachsender Bewegungsgeschwindigkeit zunimmt, lernen schon Säuglinge, ihre Kraft der Bewegungsaufgabe anzupassen. Man spricht von situativer Kraftdosierung. Der Wasserdruck und -widerstand helfen dem Kind, den eigenen Körper und seine Bewegungen deutlicher zu registrieren. Der Säugling beginnt seinen Körper intensiver wahrzunehmen.

Nach einzelnen Bewegungsübungen, bei denen entweder der Rumpf, die Arme oder die Beine oder der gesamte Körper angesprochen wird, kann man beobachten, daß die Kinder die vorangegangenen Bewegungen wiederholen. Auf diese Art und Weise wird das Bewegungsrepertoire erweitert. Es führt zu einem verbesserten Körperschema.

Das warme Wasser und der Wasserwiderstand führen neben einer Kräftigung der Muskulatur auch zu einer Entspannung. In der Krankengymnastik wird Widerstandsarbeit bei Spastik zur Muskeltonussenkung benutzt. Im Wasser senkt der Wasserwiderstand die Muskelspannung. Die so erleichterte Bewegung wird harmonischer und ökonomischer.

An keinem Ort sind Angst und Freude so dicht beisammen wie im Schwimmbad. Unsichere oder Nicht-Schwimmer leiden große Ängste im Wasser, während Schwimmer und Wasservertraute einen riesigen Spaß haben. Dies ist im Säuglingsalter nicht anders. Selbst Säuglinge, die in ihrem erst kurzen Leben häufig viele Dinge in der Therapie über sich ergehen lassen müssen und sehr sensibel reagieren oder die aufgrund schwerster Behinderung kaum Gefühlsäußerungen zeigen, lächeln im Wasser. Eltern berichten oftmals nach dem Urlaub, daß ihr Kind mit Begeisterung zum Wasser wollte, egal wie kalt es war. Kinder, die nicht beim Babyschwimmen gewesen waren, liefen dagegen fort.

Die Wirkung des Säuglings- und Kleinkinderschwimmen

Fragen an Eltern, die bei uns mit ihren Kindern am Säuglings- oder Kleinkinderschwimmen teilnahmen, ob sie eine Verhaltensveränderung beobachtet hätten, die ihrer Meinung nach durch das Schwimmen ausgelöst wurde, brachten ein verblüffendes Ergebnis. Es ist bemerkenswert, daß bei den Eltern fast einhellig die Meinung vorherrschte, daß das Säuglings- oder Kleinkinderschwimmen die Kinder in ihrem Verhalten positiv beeinflußt. Nicht alle dieser subjektiven Beobachtungen können immer wissenschaftlichen Untersuchungen standhalten. Es muß aber als bedeutsam gewertet werden, wenn Personen, die tagtäglich mit ihrem Kind zusammen sind, plötzlich einen Wandel bemerken. Des weiteren ist unbestritten, daß sich einige Verhaltensveränderungen auch ohne das Schwimmen im Zuge der allgemeinen Entwicklung oder durch parallel laufende Maßnahmen (z.b. Krankengymnastik, Krabbelgruppe) vollzogen hätten. Etwa ein Drittel der Eltern bemerkten Neues schon nach der ersten Stunde, während die Mehrheit im Laufe des Kurses neue Verhaltensformen bei ihrem Kind entdeckte. Folgende Beobachtungen wurden geschildert:

Motorik

- Die Kinder bewegen sich mehr.
- Sie entdecken ihren Körper.
- Sie strampeln beim Baden so, daß das Badezimmer „schwimmt".
- Der Kopf wird besser und länger angehoben und gehalten.
- Der nächste Meilenstein in der motorischen Entwicklung wurde erreicht (z.b. Kopf anheben, stützen, rollen, Vierfüßlerstand, krabbeln, sitzen, stehen, laufen).
- Die Muskulatur ist gekräftigt.
- Der Muskeltonus ist reguliert, häufige Verspannungen der Arme und / oder Beine sind gemindert oder verschwunden.

Hören und Sehen

- Wacher, interessierter Blick
- Betrachtet beim Schwimmen die Umgebung und fremde Menschen
- Lauscht konzentrierter, folgt Geräuschquellen bewußter

Sozialverhalten

- Lächelt mehr – auch bei Fremden
- Quängelt weniger
- Erhöhte Toleranz bei Belastung oder Unangenehmen
- Verbesserte Verständigung untereinander (Kommunikation)
- Verbesserte Spiel- und Handlungsbereitschaft (Interaktion)

Sprache

- Lautiert vermehrt beim Schwimmen
- Lautiert allgemein vermehrt

Bei körperlichen Schäden, z.B. Körperasymmetrien, Skoliosen, Schiefhals, Sichelfuß oder Hüftschäden, kann eine Verbesserung und vereinzelt eine Beseitigung des Schadens festgestellt werden. Viele Eltern berichten, daß ihre Kinder nach neuen Übungen, z. B. beim Einsatz von Schwimmhilfen, in der darauffolgenden Nacht unruhig schlafen und im Traum das Erlebte noch einmal verarbeiten. Nach dem Schwimmen sind alle Kinder müde und schlafen auf dem Heimweg. Einige Kinder wirken danach besonders ausgeglichen. Andere scheint das Schwimmen in ihrer Gesamtaktivität anzuregen. Einige Kinder (meist mit schlaffer, unterentwickelter Muskulatur) schlafen bis zu zwölf Stunden ohne Unterbrechung. Diese Beobachtungen machen deutlich, daß das Säuglings- oder Kleinkinderschwimmen die Kinder in besonderem Maße beansprucht und in ihrem Verhalten beeinflußt.

Säuglingssschwimmen – allein oder im Kurs?

Babyschwimmen allein

Wenn Sie sich bis hierher durch die Theorie durchgearbeitet haben, merken Sie selbst, daß es gar nicht so einfach ist, mit dem Baby zum Schwimmen zu gehen. Moment, so stimmt das auch nicht!

Sie brauchen nur ein gut temperiertes Schwimmbad mit 32 oder 33 Grad Wassertemperatur und etwas Mut, um mit Ihrem Kind auf dem Arm im Wasser zu spielen. Solange Ihr Kind lacht und sie beide Freude haben, ist alles in Ordnung. Aufgabe dieses Buches ist es ja, Ihnen Hilfen und Anregungen zu liefern, was man alles im Wasser mit einem Säugling machen kann, ohne ihm zu schaden. Möglicherweise gibt es in Ihrer Nähe kein passendes Angebot oder das Drumherum gefällt Ihnen nicht. Ein guter Schwimmlehrer vermittelt Sicherheit, daß das, was Sie mit Ihrem Kind tun, auch richtig ist. Er liefert Ideen, greift korrigierend ein und gibt Hintergrundinformationen. Aber es geht auch ohne ihn!

Ein geeignetes Schwimmbad

Das Schwimmbad und die Nebenräume sollten für das Säuglings- und Kleinkinderschwimmen einigermaßen geeignet sein. Ideal ist ein kleines Becken, das vom normalen Badebetrieb wegen des Geräuschpegels getrennt ist. Besser ist noch ein Lehrschwimmbecken. Eine Größe von etwa vier mal acht Metern reicht für eine Gruppe von sieben bis acht Kindern mit Begleitung völlig aus. Die Tiefe sollte etwa 1,35 Meter betragen. In dieser Wassertiefe kann ein Erwachsener bequem stehen. Die Schultern reichen aus dem Wasser heraus, um das Kind leicht zu tragen und mit ihm Schwünge auszuführen. Bei tieferem Wasser hat der Erwachsene keinen sicheren Stand mehr. Bei zu flachem Wasser muß man in die Hocke gehen, um mit dem

Kind auf Schulterhöhe eingetaucht zu sein. Bei einer Wassertemperatur von 32 Grad muß die Halle zwei bis drei Grad wärmer sein, um ein Kondensieren wie in der Waschküche zu vermeiden. Durch moderne Entfeuchtungsanlagen ist aber häufig die Außentemperatur kühl und man friert beim Verlassen des Schwimmbeckens. In diesem Fall sollten Sie ein Badetuch nahe dem Ausstieg bereitlegen, damit sich das Kind nicht erkältet. Ideal sind Wickelmöglichkeiten in der Schwimmhalle. Besitzt das Becken eine schräg hineinführende Treppe, können die Eltern allein mit dem Kind auf dem Arm ins Wasser steigen. Aber Vorsicht, die Stufen können schlüpfrig sein! Bei einer steilen Einstiegsleiter reichen die Eltern das Kind ins Wasser. Es ist sonst ein Balanceakt, mit dem Kind auf dem Arm und der anderen Hand an der Einstiegsleiter rückwärts ins Wasser zu steigen ohne auszugleiten. Neben der Dusche und Toilette, die von der Halle erreichbar sein sollten und die gleiche Temperatur wie die Schwimmhalle haben sollten, um nicht dort im nassen Badeanzug zu frieren, müssen genügend Umkleiden vorhanden sein. Eine Mutter mit Kind benötigt natürlich mehr Platz. Allein der Maxikosi oder die Babytragetasche nehmen Platz in Anspruch. Tobende Kinder oder eine drückende Enge beim Umkleiden kann den Badespaß verderben. Eventuell sollte man in einem öffentlichen Bad eine ruhige Zeit wählen. Nach dem Schwimmen sind die Kinder hungrig und müde. Es sollte deshalb ein ruhiger Raum zum Stillen und Füttern zur Verfügung stehen. Da die Raumtemperaturen von Umkleide- und Aufenthaltsraum niedriger sind, kann man sich akklimatisieren, um sich vor Erkältungen zu schützen. In der kalten Jahreszeit sollte man darauf besonders achten und den Kindern eine Mütze aufsetzen. Der häufige Hinweis der Eltern: „Ach, wir sind ja gleich im Auto", können wir nicht gelten lassen. Selbst das Auto um die Ecke braucht eine Zeit, bis es warm ist.

Babyschwimmen im Kurs

Wenn Sie aber Tips haben wollen, was man so alles mit einem Säugling oder Kleinkind im Wasser machen kann und Sie mit anderen Kindern zusammen im Wasser sein wollen, sollten Sie sich umschauen, wo organisierte Kurse angeboten werden. Mittlerweile offerieren Sportvereine, Familienbildungsstätten, öffentliche Schwimmbäder und auch kommerzielle Schwimmschulen Baby- und Kleinkinderkurse an. Neben der Sporthochschule Köln waren es vor allen Dingen kommerzielle Schwimmschulen, die das Babyschwimmen in Deutschland bekannt gemacht haben. Einige dieser Schwimmschulen existieren schon länger als ein Vierteljahrhundert.

Die Auswahl eines geeigneten Kurses

Wie erkenne ich aber einen „guten Babyschwimmlehrer" und einen sinnvollen Kurs? Rufen Sie doch einfach unter der Nummer an, die Sie sich besorgt haben und stellen ein paar Fragen:

- Welche Ausbildung und spezielle Qualifikation zum Baby- und Kleinkinderschwimmen hat der Lehrer?
- Leitet immer der gleiche Lehrer die Kurse?
- Ist der Lehrer immer mit im Wasser?
- Welche Temperatur herrscht in den Räumen und im Wasser?
- Welche Ziele sollen im Kurs erreicht werden?
- Wie groß sind die Gruppen?
- Dürfen andere Kinder mit ins Wasser?
- Wie sind die Geschäftsbedingungen?

Die Lehrer sollten zumindestens eine Übungsleiterlizenz des Deutschen Schwimmverbandes besitzen. Lediglich der Hinweis, schon in einer Schwimmschule gearbeitet zu haben, ist noch keine Empfehlung, da ja über diese Schwimmschule nichts bekannt ist und eine Qualitätskontrolle bisher fehlt. Zusätzlich ist ein Ausbildungsberuf, bei dem Kinder im Mittelpunkt stehen (z.B. alle pädagogischen Berufe und alle medizinischen oder therapeutischen Berufe) sicherlich von Vorteil. Engagierte Studenten der genannten Berufe sind selbstverständlich auch geeignet, Kurse zu leiten. Voraussetzung ist immer das notwendige Fachwissen. Die Auskunft über die Kursziele ist ganz wichtig, um zu erfahren, was einen in dem Kurs erwartet. Besser ist es noch, vor Kursbeginn einmal zuzuschauen, um sich einen Überblick über die Räumlichkeiten und den Unterricht zu verschaffen. Steht der Lehrer am Beckenrand und gibt nur Anweisungen oder kümmert er sich persönlich um die Kinder und Eltern? Das richtige Handling im Wasser kann nur durch Vorzeigen vermittelt werden! Ein Kinderunterricht ohne hauteng dabei zu sein ist kaum vorstellbar. Ein Vorbesuch ist auch deshalb anzuraten, da man dann schon einigermaßen weiß, wie lange der Anfahrtsweg ist und wo eine Haltestelle oder ein Parkplatz ist. Auch sollten Sie bedenken, daß Sie außer dem Kind auch noch einige zusätzliche Dinge neben dem Badezeug brauchen. Das alles müssen Sie selbst tragen. Schlecht ist es, zur ersten Stunde schon völlig fertig angehetzt zu kommen und dann unter Zeitdruck das Kind auszuziehen und den Stress mit ins Wasser zu nehmen.

Nach Ihrem Anruf haben Sie schon einen ersten Eindruck, dadurch wie Ihnen die Auskunft erteilt wurde. Man kann leicht erkennen, ob die Informationen ausführlich sind und Sie sachkundig beraten werden. Herrschen feste Vorstellungen vor oder bleibt Ihnen alles überlassen?

Geschäftsbedingungen

Neben den Kosten, die bei privaten Anbietern naturgemäß höher liegen werden, als bei Vereinen oder Verbänden, da ja keine öffentliche Unterstützung für den Schwimmbadbetrieb, das Personal etc. gezahlt werden, sind natürlich die Geschäftsbedingungen wichtig. Ich schildere einfach, wie es bei uns abläuft. Wir bieten keine kostenlose Probestunde an, da ja mit Anfängern auch gearbeitet wird. Außerdem kenne ich keinen Arzt oder Rechtsanwalt, der auf Probe arbeitet. Erst nach der ersten Stunde muß man sich entscheiden, ob man weiter am Kurs teilnehmen will oder nicht. Es wird eine feste Zeit vereinbart, zu der man regelmäßig kommen sollte. Stellt sich heraus, daß sich der Lebensrhythmus des Kindes geändert hat, so kann natürlich eine andere Zeit vereinbart werden. Wir bieten vormittags und nachmittags über die ganze Woche mehrere Zeiten am Tag nur für diese Altersstufe an. Da wird sicherlich eine passende Zeit zu finden sein. Möchte man nicht weiter mitmachen, zahlt man eine Stunde.

Altersgruppen

Den Gruppen werden die Kinder altersgemäß zugeordnet. In der ersten Altersgruppe sind Kinder ab drei Monaten bis etwa acht Monaten. Ein dreimonatiger Säugling beginnt, sein eigenes Immunsystem aufzubauen. Dies ist wichtig, damit das Kind selbst in der Lage ist, sich gegen Keime zu schützen. Bei Stillkindern werden mütterliche Immunstoffe über die Muttermilch mitgeliefert. In diesem Alter wird der Kopf schon einigermaßen sicher gehalten. Bei behinderten Kindern wäre aber eine mangelnde Kopfkontrolle kein Hinderungsgrund, ebenfalls am Schwimmen teilzunehmen. Nur ist dann das Handling etwas anders. Der wichtigste Grund, erst in diesem Alter zu beginnen, ist die große Reizdichte im Schwimmbad. Erfahrungsgemäß sind Kinder vor dem 3. Monat überfordert. Ich habe schon den negativen Einfluß einer Überreizung beschrieben. Neben pädagogischen Argumenten sollten auch aus diesem Grund keine älteren Kinder bei den ganz kleinen teilnehmen, da ein fröhlicher Juchzer eines Zweijährigen oder ein Wasserspritzer den Säugling aus der Fassung bringen kann.

In der zweiten Altersstufe, dem Mutter-Kind-Schwimmen, sind Kinder, die schon krabbeln können und daher schon fortgeschrittene motorische Erfahrungen besitzen. Sie haben schon gelernt, sich gegen die Schwerkraft aufzurichten und sich mit Armen und / oder Beinen fortzubewegen. Das Sprachverständnis ist schon entwickelt, so daß auch Bewegungsanweisungen verstanden und in die Tat umgesetzt werden können. Dementsprechend verändert sich auch die Unterrichtsmethode. Während bei den Säuglingen ein nonverbaler Unterricht vorherrscht, da sie ja noch keinen gesprochenen Anweisungen folgen können, lernen die älteren Kinder z.B. durch Nachahmung, Versuch und Irrtum oder über das Gedächtnis, indem bekannte Bewegungen wie Tanzen, Schaufeln oder Lageänderungen vom Land ins Wasser übertragen werden. Die Spielzeuge und Materialien, mit denen die Kinder umgehen, sind auch den Alterstufen angepaßt. Werden bei den Babys Rasseln, Bälle oder Schwimmtiere benutzt, so kommen bei den älteren Kindern schon Schwimmflügel, Flossen, Reifen, Matten oder aufblasbare Tiere, Bälle oder Boote zum Einsatz.

Im Idealfall unterteilen wir die Mutter-Kind-Gruppe in zwei Altersstufen: ein- bis zweijährige und zwei- bis vierjährige Kinder. Grund dafür ist ein gleichmäßig aufgebauter Unterricht, da auch bei diesen Alterstufen unterschiedliche motorische und geistige Fähigkeiten überwiegen.

Kursorganisation

Ohne Absprache ist ein Wechsel von einer Gruppe in eine andere nicht möglich, da am Unterricht nicht mehr als sieben bis acht Kinder teilnehmen. Ohne Organisation wäre eine Stunde überfüllt und die andere leer. Sollte der Besuch des Kurses nicht möglich sein, weil sich z.B. das Kind nicht wohlfühlt, ein Arztbesuch ansteht, das Kind geimpft wurde oder die Mutter nicht ins Wasser kann, wird die Stunde ersetzt. Voraussetzung ist aber, daß die Stunde abgemeldet wurde. Diese Regelung verhindert, daß Eltern mit kranken Kindern zum Schwimmen kommen, nur um keine Stunde zu verlieren. Es ist aber im Interesse des Kindes, so regelmäßig wie möglich teilzunehmen, da die Kinder bei langen Pausen immer wieder alles vergessen. Aus dem Baby- und Kleinkinderschwimmen würde dann ein teures Baden.

Es gibt bei den unterschiedlichen Gruppen keinen gemeinsamen Beginn und der Kurs endet ebenfalls bei jedem Kind zu einem anderen Termin. Wenn ein Kind den Platz in der Gruppe frei gemacht hat, kann ein neues Kind in der Gruppe mitmachen. Der Grund ist offensichtlich, da ja aus den verschiedenen Gründen eine Stunde ausfällt und sich so der Kurs verlängert. Aus diesem Grund werden auch befreundete Gruppen bald auseinandergerissen, da es Ausfälle gibt. Bei diesen kleinen Gruppen stellt aber der Beginn eines neuen Kindes kein Problem dar, da ja mit allen Kindern individuell gearbeitet wird. Für ein dreimonatiges Kind, ein sechsmonatiges Kind und ein achtmonatiges behindertes Kind müssen ebenfalls differenzierte

Anweisungen und Ratschläge gegeben werden. Den neu dazu gekommenen Eltern fällt es so leichter, sich im Kursgeschehen zurechtzufinden. Man kann bei anderen Eltern zuschauen und sich auch mal einen Rat holen.

Vorbereitung zum Kurs

Neben diesen organisatorischen Hinweisen werden die Eltern darauf hingewiesen, zu Hause die Badetemperatur schrittweise auf 32 Grad zu senken, damit das Kind nicht beim ersten Schwimmbadbesuch einen Temperaturschock bekommt. Die Eltern können beide das Kind ins Wasser begleiten, jedoch nicht die Oma oder Patentante. Die können draußen am Beckenrand sitzen und zuschauen. Einmal ist dies aus versicherungs-rechtlichen Gründen notwendig, außerdem wäre das Kind bei so vielen Begleitern überfordert. Aus dem gleichen Grund sollten sich Zuschauer am Beckenrand ruhig verhalten, um nicht die Stunde zu stören. Im Wasser tragen die Eltern Badekleidung, jedoch keine Badekappe. So kennt Sie Ihr Kind noch nicht und es könnte Angst bekommen. Das Kind trägt ebenfalls eine Badehose, um zu verhindern, daß das große Geschäft im Wasser landet. *Bitte keinen Badeanzug, da dieser das wichtigste Wahrnehmungsorgan, die Haut, bedeckt.* Früher haben wir den Eltern geraten, eine Mullwindel – keine Vlieswindel, die sich im Wasser auflöst – zu benutzen und diese mit einer Wickelfolie zu befestigen. Heute sind es die meisten jungen Eltern durch die Einmalwindeln nicht gewöhnt, eine Mullwindel fest zu binden. Außerdem schränken große Windelpakete die Beinfreiheit des Kindes ein. Frotteehosen sind abzulehnen, da sie sich im Wasser um das Doppelte und Dreifache dehnen, und so nicht verhindern, daß etwas im Wasser landet. In der Praxis geschieht das zwar äußerst selten, aber bei einem Malheur müßte die Stunde abgebrochen werden und im ungünstigsten Fall große Mengen Wasser gewechselt werden, da ab 30 Grad die Vermehrung von Keimen stark ansteigt. Die Kosten wären recht hoch. Selbst bei den Babybadehosen muß auf etwas Besonderes geachtet werden: Sie müssen fest am Bauch und den Schenkel abschließen. Folglich muß der Schnitt einer Babyhose anders sein als der Schnitt für Kinder oder Erwachsene, da sich die Körperproportionen ändern. Wenn es auch schwerfällt: Bitte keinen modischen Schnick-Schnack wie ein hochgeschittenes Tangahöschen oder einen Badeanzug, sondern Höschen, die abschließen und die Bewegung nicht beeinträchtigen.

Wasseraufbereitung

Noch ein Wort zur Wasseraufbereitung. In allen Schwimmbädern, außer den völlig privat genutzten, muß eine vorgeschriebene Menge freies Chlor im Wasser sein, um eventuell hineingeschleppte Keime sofort zu töten. Alle anderen Desinfektionsmethoden mit Ozon oder UV-Licht sind lediglich zusätzliche Maßnahmen, um bei starker Wasserbelastung die Chlormenge nicht erhöhen zu müssen. Wichtig aber ist, daß das Wasser keimfrei ist. Bei den Stichproben des Gesundheitsamtes wird außerdem der ph-Wert gemessen, der aussagt, ob das Wasser im sauren oder alkalischen Bereich liegt. Er sollte zwischen 7,2 bis 7,6 liegen, um nicht den Säureschutzmantel der Haut anzugreifen. In diesem Bereich wirkt das Chlor am besten. Der gebundene Chlorwert zeigt an, wieviel verbrauchtes Chlor im Wasser ist, das schon reagiert hat. Ist zu viel gebundenes Chlor im Wasser, zeigt es, daß das Wasser nicht gepflegt wird und zu wenig Frischwasser zugeführt wird. Außerdem ist das gebundene Chlor für den typischen Chlorgeruch verantwortlich und es brennt auf den Schleimhäuten. Ich bin seit mehr als fünfundzwanzig Jahren täglich etwa acht Stunden im Wasser und habe keine Probleme mit der Haut. Selbst Kinder mit Neurodermitis können zum Schwimmen gehen, wenn anschließend die Haut eingecremt wird. Bitte nicht vor dem Schwimmen, auch nicht am Abend vor dem Schwimmtag das Kind cremen, da die Haut im Wasser glitschig wird (im Sommer ist es häufig der Grund, warum den Kindern die Schwimmflügel vom Arm rutschen, da sie mit Sonnencreme auf der Haut ins Wasser gehen) und sich in wenigen Minuten das Fett löst, das dann am Beckenrand klebt. Wenn man die Kinder – auch schon die Säuglinge – daran gewöhnt, vor und nach dem Schwimmen zu duschen, werden Schweiß, Fett und Chlorwasser abgespült. Aber bitte den Kopf beim Duschen aussparen, da das Prasseln des Wassers über den knöchernen Schädel direkt zum Ohr geleitet wird und das Kind erschreckt!

Nach dem Schwimmen sind die Kinder durstig und sie sollten deshalb gestillt werden oder ihr Fläschchen bekommen. Das warme Getränk hilft gleichzeitig, die Körpertemperatur nach dem Schwimmen zu regulieren. Danach fallen die meisten Kinder in einen tiefen Schlaf.

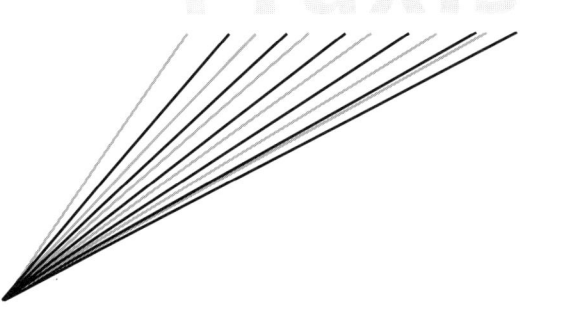

Praxis

Babyschwimmen

Wer darf am Babyschwimmen teilnehmen?

Man kann diese Frage positiv beantworten: alle Kinder ab drei Monaten, die nicht unter schweren ansteckenden Krankheiten leiden oder offene Wunden haben. Darüber hinaus dürfen Kinder mit akuten Ohren- und Augenentzündungen nicht ins Wasser. Bei Durchfall sind die Kinder oftmals geschwächt, außerdem besteht die Gefahr der Wasserverschmutzung. Sie fallen ebenfalls unter das strikte Schwimmverbot.

Die meisten Impfungen sind generell kein Hinderungsgrund, wenn die Kinder unauffällig reagieren. Bei leichten Infektionen wie Erkältungen sollten die Eltern von Fall zu Fall entscheiden. Es gibt Kinder, die haben während der ganzen kalten Jahreszeit Schnupfen und nehmen am Schwimmen und an der Krabbelgruppe teil. Fühlt sich aber das Kind sichtbar nicht wohl oder es hat sogar Fieber, muß auf das Schwimmen verzichtet werden. Schwimmen, selbst in 32 Grad warmen Wasser, härtet ab, denn es liegt ja noch fünf Grad unter der Körpertemperatur. Bei Kindern, die es gewöhnt sind, schwimmen zu gehen, wird die Erkältung im Wasser nicht besser, aber auch nicht schlechter. Wichtig ist, daß das Kind die Schwimmbadräume erst völlig akklimatisiert, gut getrocknet und richtig bekleidet verläßt. Die heutige Kleidung kommt da den Eltern sehr entgegen. Viele Eltern reagieren schon bei dem kleinsten Anzeichen einer Verkühlung überängstlich und möchten ihre Kinder in Watte packen. Im Zweifelsfall „sagt" das Kind selbst, ob es am Schwimmen teilnehmen möchte. Wird es schon von einer Infektion geplagt, verhält sich aber an Land noch nicht auffällig, so wird es sich im Wasser jedoch nicht mehr wohl fühlen und schreien. Das gleiche gilt für frisch geimpfte Kinder. Die Impfstoffe sind heute so entwickelt, daß sie den Körper nicht mehr sehr stark belasten. Hier sollte der Impfarzt entscheiden.

Eltern sollten ebenfalls auf die Schwimmstunde verzichten,

wenn schon von vornherein abzusehen ist, daß das Kind quengeln wird. Nach einer schlechten Nacht, wenn das Kind Probleme mit den Zähnchen hat oder sich sonst nicht wohlfühlt, würde es im Wasser nur schreien. Ein schreiendes Kind gehört nicht ins Schwimmbad, es sei denn, es läßt sich nach kurzer Zeit beruhigen. Die meisten Eltern können das Schreien ihrer Kinder interpretieren und erkennen, ob es sich um ein Leid handelt oder ob es ein gezieltes Schreien – ein sogenanntes „Erziehungsschreien" – ist, mit dem bei den Eltern etwas durchgesetzt werden soll. Auch hier sollte von Fall zu Fall entschieden werden. Der Umgang mit einem schreienden Kleinkind ist ein heikles Problem, leider gibt es kein Patentrezept. Einige Eltern nehmen ihr Kind sofort hoch auf den Arm und trösten und bedauern es. Andere lassen es stundenlang schreien, um es nicht „zu verhätscheln". Ein Zwischenweg wäre wahrscheinlich das Beste. Alle Eltern müssen letztendlich ihr Verhalten mit ihrem Gefühl abstimmen. Nur angelesenes Wissen, das man eigentlich selbst nicht vertreten kann, ist der schlechteste Ratgeber. Trotzdem füllt das Thema schon etliche Bücher und ist auch Modetrends in der Erziehung unterworfen. Denken wir nur an die Behavioristen Anfang des Jahrhunderts, die die Kinder nach einem festen Plan mit strikten Zeiteinteilungen ohne zu intensive Zuwendung außerhalb dieses „Fahrplans" erzogen. Vielen Eltern gingen diese Vorstellungen gegen ihr Gefühl und trotzdem erzogen sie ihre Kinder so, weil „man" es halt so machte.

Indikation zur Therapie

Eine Behinderung ist kein Hinderungsgrund, am Baby- oder Kleinkinderschwimmen teilzunehmen. Das Gegenteil ist richtig! Bei schwereren Behinderungen ist ein spezielles Fachwissen notwendig, um dem Kind nicht zu schaden. In jedem Fall sollte in dem Sozialpädiatrischen Zentrum darüber gesprochen werden. Bei folgenden Indikationen kann das Schwimmen als Präventions- oder Rehabilitationsmaßnahme eingesetzt werden:

• Verzögerte psychomotorische Entwicklung bis hin zu geistiger Behinderung aller Schweregrade,

- psychomotorischer Entwicklungsrückstand bei genetisch bedingten Leiden,
- Sinneswahrnehmungsdefizite, die durch Bewegungsstimulation im Wasser günstig beeinflußbar sind,
- angeborene oder frühkindliche Systemerkrankungen mit Auswirkungen auf den Bewegungsapparat,
- Defizite am Stützapparat.

Die Arbeit mit behinderten Kindern in so frühem Alter im Wasser wird nur noch in Finnland und Frankreich praktiziert. Es ist noch ein gutes Stück an Überzeugungsarbeit zu leisten, um das Medium Wasser so früh wie möglich als Therapiemöglichkeit zu nutzen. Wie groß die Freude ist und welche Erfolge im Wasser erzielt werden können, kann bei unserer Arbeit täglich beobachtet werden.

Die erste Stunde

Nach all den Vorbereitungen ist es nun endlich so weit. Das Kind wurde entsprechend vorbereitet, die Badehose sitzt richtig und alle sind bereit, sich in die neue Situation einzulassen. Die Kinder waren auch noch nicht zu lange vorher in der Schwimmhalle, denn ansonsten würden sie durch die höhere Hallentemperatur aufgewärmt und das Wasser würde als unangenehm kalt empfunden. Das Gleiche gilt nach dem Schwimmen. Sobald das Kind gewickelt und angezogen ist, sollte es die Schwimmhalle verlassen, da sonst nach kurzer Zeit ein Hitzestau für das Kind unangenehm wird.

Beim ersten Mal verzichten wir auf das Duschen und das Kind wird vorsichtig ins Wasser gereicht und allmählich bis zur Schulter eingetaucht. Während der Stunde sollte immer darauf geachtet werden, daß der Oberkörper im Wasser ist. Ein nasser Körper, der aus dem Wasser ragt, verdunstet das Wasser auf der Haut und entzieht dem Körper Wärme. Sollte sich aus Unachtsamkeit der Eltern die Haut doch einmal bläulichrot marmoriert verfärben – ein erstes Anzeichen, daß die Haut auskühlt – so reicht es, das Kind tiefer ins Wasser zu nehmen und die Haut leicht zu reiben. Anfangs drücken wir das Kind eng an uns und wiegen es ruhig hin und her. Die erste Stunde dient hauptsächlich dazu, Eltern und Kind mit der neuen Situation vertraut zu machen. Im Verlauf der Stunde werden immer wieder einige Übungen mit den anderen Kindern, die schon öfter da waren, mitgemacht, aber es wird hauptsächlich darauf geachtet, daß die Eltern lernen, mit dem Kind sicher umzugehen. Sind die Eltern sicher, freut sich das Kind.

Aufgabe des Schwimmlehrers ist es, den Eltern zu zeigen, wie das Kind sicher gehalten wird, wobei der Auftrieb des Wassers unterstützend mitwirkt. Zuerst einmal kann das Baby bei allen Drehungen vom Bauch auf den Rücken und umgekehrt oder wenn nachgefaßt werden muß, auf dem angezogenen Knie der Eltern abgesetzt werden. Unsichere Eltern üben dies mit dem Rücken an die Beckenwand angelehnt.

Um dem Kind Bewegungsfreiheit zu geben, halten Sie es im „Badewannensicherheitsgriff". Dabei unterstützen Sie Ihr Kind mit einem Arm diagonal unter der Brust und ergreifen von unten her seine Achsel. Das Kind liegt mit der Brust auf dem leicht gebeugten Unterarm und streckt seinen freien Arm über Ihren Haltearm. Durch Drehen des Stützarmes kann die Position des Kindes aus einer flachen in eine steile Lage variiert werden. In einer leichten Schräglage, in der Rumpf und Beine im Wasser sind, spüren Sie, wie das Wasser mitträgt. In dieser Position beginnen die Beinchen zu strampeln.

Mögliche Fehler:

Das Kind liegt zu flach im Wasser und wird eventuell auch noch mit der freien Hand der Mutter unter dem Bauch unterstützt. Je mehr das Hinterteil des Kindes hochgehoben wird, um so leichter fällt der Mund ins Wasser. Wird das Kind zu steil gehalten, kann es vom Arm gleiten.

Ein weiterer Haltegriff ist die Unterstützung des Kindes mit einer Hand unter dem Brustkorb, wobei Mutter und Kind sich Gesicht zu Gesicht gegenüberstehen. Als Rechtshänder lege ich meinen Daumen der rechten Hand in die linke Achsel des Kindes, wobei die Daumenkuppe zum Kind weist. Dort bleibt der Daumen, während die Hand gedreht wird, so daß die Brust des

Kindes genau mit dem Brustbein auf der Handinnenfläche der Mutter liegt und die Handwurzel der Mutter den Mund des Kindes schützt. In den meisten Fällen ist die Handfläche so groß, daß Daumen und kleiner Finger den Rumpf umfassen. Ältere Kinder sollten mit beiden Händen gehalten werden, da sie größer sind und durch plötzliche impulsive Bewegungen von

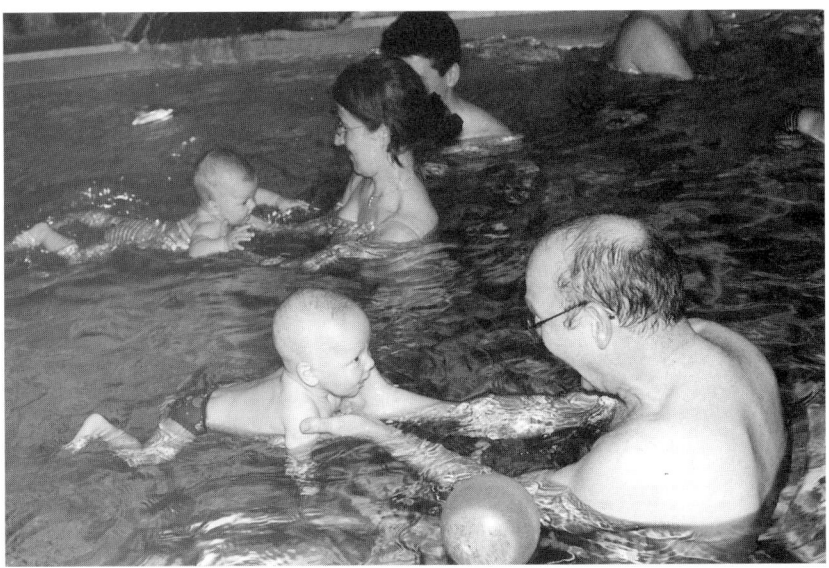

Foto 5: Brustgriff mit beiden Händen

der Hand springen können. *(Foto 5)* Dieser Griff sieht anfangs recht spektakulär aus und ich rate den Eltern, dies zu Hause in der Badewanne zu üben, um mehr Sicherheit zu erlangen. Nach einiger Übung seitens Mutter und Kind, kann das Kind auf nur zwei Fingern unter der Brust ausbalanciert werden. Das Kind hat gelernt, den Auftrieb zu nutzen und Gleichgewicht zu halten.

Mögliche Fehler:

1. Der Daumen rutscht aus der Achsel und will die Schulter des Kindes umfassen. In diesem Fall stützt die Hand nicht mehr direkt unter der Brust und das Kind fällt seitlich ins Wasser.

2. Die elterliche Hand ist in der Handwurzel zu wenig abge-
knickt. *(Foto 6)* Das Kind muß höher aus dem Wasser gehoben werden, damit der Mund nicht ins Wasser taucht.

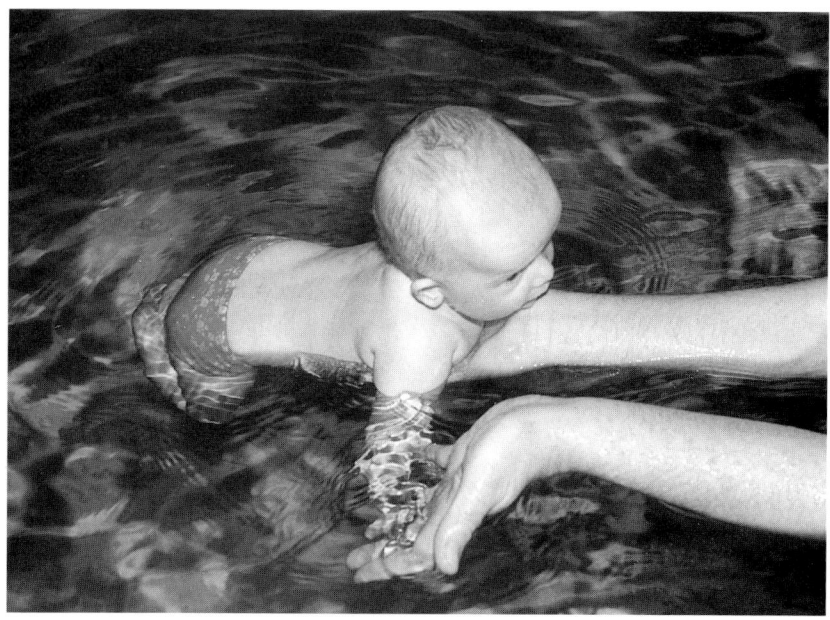

*Foto 6: Richtig gebeugt, schützt die Handwurzel vor dem
Verschlucken*

Auf Dauer ist das für die Eltern recht anstrengend. Außerdem
kann das Kind leichter von der Hand fallen, da das Wasser
nicht mehr unterstützt. Nach anfänglicher Überwindung und
einiger Übung sind bald alle Eltern in der Lage, ihr Kind so zu
halten. In dieser Position sind weder Arme noch Beine in der
Bewegung eingeschränkt. Die Wechselbewegungen der Arme
und Beine erinnern an das Kraulschwimmen. Durch die Gesicht zu Gesicht Stellung wird das Kind motiviert, sich zur
Mutter hinzubewegen. Arme und Beine beginnen zu rudern.

In einem dritten Haltegriff werden die Kinder in Rückenlage bei leichter Unterstützung am Hinterkopf ausbalanciert.

(Foto 7) Aus der Position Gesicht zu Gesicht lege ich als Rechtshänder das Kind rücklings auf meine linke Brust. Meine rechte Hand unterstützt den Po des Kindes, während der Kopf an

Foto 7: Unterstützung in der Rückenlage

der Brust nach unten rutscht. Nun unterstützt meine linke Hand den Hinterkopf des Kindes, wobei die Handfläche nach oben weist. Der Daumen liegt an der linken Kopfseite, während die Fingerspitzen zur rechten Kopfseite zeigen.

Möglicher Fehler:

1. Die elterliche Hand liegt im Nacken statt am Hinterkopf. Dadurch wird eine Überstreckung des Kindes ausgelöst.
2. Das Kind wird nicht rückwärts, sondern seitlich gehalten. Das Kind wird den Kopf drehen, um die Mutter anzuschauen und verliert dadurch die stabile Rückenlage.
3. Der Hinterkopf wird nicht bis zu den Ohren eingetaucht. Dadurch liegt es nicht ausgestreckt im Wasser. Die Rücken-

lage wird nicht von allen Kindern akzeptiert. In diesem Fall sollte man darauf verzichten.

Es wird immer wieder beschrieben, daß sich Kinder etwa ab dem 8. Monat wehren, auf den Rücken gelegt zu werden. Das Wickeln wird zum Kampf und viele Eltern verlagern das Wickeln von der Kommode auf den Fußboden. In diesem Alter können sich die Kinder sicher drehen und teilweise laufen. Sie fühlen sich in Rückenlage hilflos wie ein Käfer und versuchen sich aus dieser unsicheren Lage zu befreien, indem sie wie ein Taschenmesser zusammenklappen. Sie heben Arme und Beine in die Luft und strampeln so lange, bis sie herumrollen. Erst wenn sie mit etwa eineinhalb Jahren behende aufstehen und sicher laufen können, legen sie sich freiwillig wieder auf den Rücken.

Anfangs ist das Handling der Eltern nicht sehr sicher und geschickt. Dabei kann es passieren, daß sich das Kind mal verschluckt. In diesem Fall helfen Sie dem Kind, wenn sie es mit dem Kopf nach unten in die Luft halten. Das Wasser kann herausfließen, obwohl es ohnehin durch das Flimmerepithel der Luftröhre hinausbefördert wird. Das Klopfen auf den Rücken beruhigt eher die Eltern, als daß es dem Kind hilft. Es ist nur sinnvoll, wenn ein fester Fremdkörper in der Luftröhre sitzt, der so mechanisch gelöst werden muß.

Übrigens ist das Waserschlucken nicht gefährlich, es sei denn, daß Wasser in die Lunge dringt. Das Kind ringt zwar nach einem ordentlichen Schluck nach Atem, beruhigt sich aber recht schnell wieder. Das Chlor im Wasser wird zur Desinfektion genutzt. Wird zuviel Wasser geschluckt, kann die Darmflora angegriffen werden und der Stuhl wird breiig. In meiner langjährigen Praxis habe ich aber nur zwei ernstere Fälle erlebt, bei denen der Durchfall ärztlich behandelt werden mußte. Viele Kinder nutzen sogar die Gelegenheit und trinken absichtlich das Schwimmbadwasser. Sie saugen zu Hause auch den mit Seifenwasser getränkten Waschlappen aus, ohne daran Schaden zu nehmen. Daß Säuglinge bei uns Wasser in die Lunge bekommen, habe ich bislang noch nicht erfahren.

Mittlerweile hat sich das Kind an die neue Situation eingepaßt und es können erste Schwünge mit dem Kind im Wasser ausprobiert werden. Zwischen den einzelnen Übungen, die im folgenden beschrieben werden, sollte dem Kind immer wieder in den Haltegriffen die Möglichkeit zur freien Bewegungsentfaltung gegeben werden. Werden die Kinder mit dem Körper ins Wasser getaucht, werden bis zum 4.- 5. Monat in Bauchlage Bewegungen der Arme und Beine ausgelöst, die erhalten bleiben, wenn regelmäßig geübt wird. Sie werden gelernt. Bewegungen werden geweckt, automatisiert und ökonomisiert! Die Kinder strampeln mit Armen und Beinen und spielen mit Gegenständen. Um ein Spielzeug zu erreichen und anzufassen, bedarf es motorischer Handlungsstrategien. Die Kinder lernen vielfältige Aufgaben zu lösen. Die einzelnen Übungen regen dazu an, sich verstärkt – auch an Land – mit Freude zu bewegen. Auf diese Weise werden schon Säuglinge durch die Bewegungen an den Wasserwiderstand und den Auftrieb und alle weiteren Sinneswahrnehmungen, die nur im Wasser zu finden sind, gewöhnt. Sie lernen, im tiefen Wasser mit Fremdunterstützung Arme und Beine koordiniert und harmonisch zu gebrauchen. Einige Übungen sind dazu geeignet, die Risikobereitschaft zu fördern. Hinzu kommt eine allgemeine Kräftigung und eine intensive Balancekontrolle.

Die Übungen im Wasser und ihre Wirkung

Bei den ersten Übungen wird das Kind Gesicht zu Gesicht gehalten. *(Foto 8)* Die Hände von Mutter oder Vater liegen unter den Achseln des Kindes am Rumpf, wobei die Daumen zueinander gerichtet sind. Sie sollten nicht auf den recht empfindlichen Brustwarzen liegen.

Foto 8: Haltegriff 1

Die meisten Eltern möchten ihre Kinder festhalten, wobei die Daumen zu der Schulter rutschen. Es bedarf einiger Übung, das Kind nur auf den sich zugewandten Daumen abzulegen. Der Vorteil dieses Griffes ist, daß die Finger und Hände locker sind und so über die empfindlichen Finger bei den Schwüngen mögliche unterschiedliche Widerstände des Rumpfes besser erspürt werden können. Halten beide Hände das Kind fest, so ist das Handwurzelgelenk das erste bewegliche Gelenk. Es ist aber bei weitem nicht so sensibel wie die Finger. Im gleichen Maße, wie die Kinder mit ihrem Körper das Wasser spüren lernen sollen, müssen die Eltern diesen Prozeß mit ihren Händen begreifen.

1. Übung

Wir beginnen, das Kind rhythmisch aus dem Wasser zu heben und wieder hineinzusenken. Kinder, die es schon gewöhnt sind, können auch schneller auf und ab bewegt werden und sogar in die Luft geworfen werden. Im Wasser traut man sich dazu eher, da ja nicht viel passiert, wenn das Kind nicht ganz sicher aufgefangen wird. Durch den wechselnden Luft- und Wasserdruck wird der Kreislauf angeregt. Schnelle Bewegungen regen das Gleichgewichtssystem an, das nicht nur für die Körperbalance zuständig ist, sondern viele andere Wahrnehmungen mitbeeinflußt: Unter anderem ist es für Schlafen und Wachsein verantwortlich. Ruhige Bewegungen schläfern ein – was Mütter beim Wiegen zum Einschlafen nutzen – und schnelle Bewegungen machen wach und erfreuen. Denken Sie ans Hoppe-Hoppe-Reiter-Spiel, bei dem die Kinder vor Vergnügen quietschen. Bei uns Erwachsenen wirkt das Gleichgewicht in gleicher Weise. In der Achterbahn ist noch niemand eingeschlafen. Im Schaukelstuhl oder der Hollywood-Schaukel kann das schon eher passieren. Oder denken Sie ans Tanzen: beim Walzer sind wir wach und beim Blues eher schläfrig.

Aus diesem Grund sollen auch die Kinder zum Ende der Stunde ruhig bewegt werden, um sie nicht mehr zu aktivieren. Die Kinder sind körperlich müde und möchten schlafen. Werden sie nun über das Gleichgewicht wieder munter gemacht, finden sie keinen Schlaf. Wir haben dann möglicherweise ein knatschendes Kind.

Diese Schleuderbewegungen zum Beginn der Stunde erhöhen die Risikobereitschaft beim Kind – manchmal auch bei den Eltern.

2. *Übung*

Setzen Sie Ihr Kind auf den Beckenrand, fassen Sie es am Rumpf an – nicht an den Armen – beugen es nach vorn und heben es wieder ins Wasser. Diese Bewegung wird mit einem festen Signal: „Uuuuund – hopp" gekoppelt, so daß nach einigen Malen dieser „Sprung ins Wasser" konditioniert ist. Je häufiger das Kind diese Bewegung ausgeführt hat, um so geringer wird die Rumpfunterstützung, bis das Kind ins Wasser springt oder fällt und erst hier kurz vor dem Eintauchen des Kopfes aufgefangen wird. Es ist eine Vorübung zum Springen und schult die Risikobereitschaft. Beim Kind wird eine Reaktion ausgelöst, wobei der Kopf angehoben werden muß und die Arme nach vorn eine Abstützreaktion zeigen.

3. *Übung*

Halten Sie Ihr Kind mit fast gestreckten Armen, wobei die Arme im Wasser liegen. Nun gehen Sie rückwärts mit weiten Ausfallschritten nach links und rechts. Das Kind wird so in Schlangenlinien durch das Wasser gezogen. Der Rumpf wird dabei um die Körperlängsachse seitlich verschoben. Der Schwung kann noch aus den Handgelenken verstärkt werden. Als Variante ändern wir den Rhythmus: „Lang – lang – kurz – kurz – kurz. Reeechts – liiinks – rechts-links-rechts"

Bei dieser wie bei allen anderen Übungen, bei denen wir mit den Kindern durchs Wasser gehen, hüpfen oder laufen, wird die Haut stimuliert. Das Wasser fließt an der Haut vorbei und macht über diesen Reiz die Bewegung bewußt. (Stellen Sie sich einmal vor, wie schnell Sie an Land unbekleidet laufen müßten, um über den Luftstrom Informationen über ihre Bewegung zu erhalten). Auch Kinder, die aufgrund ihrer Behinderung keine Rückkoppelung ihrer Bewegungen zum Gehirn erfahren, können auf diese Weise Bewegungen lernen. Der Wasserwiderstand übt bei allen Bewegungen einen Druck aus, der sich mit unterschiedlicher Geschwindigkeit ändert. Der Rumpf wird durch den seitlichen Druck deutlicher wahrgenommen. (Erwachsene haben ein ähnliches Erlebnis beim Masseur, der durch Druck Körperpartien bewußt macht, die man schon lange nicht mehr wahrgenommen hat). Beide Stimuli helfen, den Körper zu spüren. Im Säuglingsalter wird der Körper allmählich entdeckt: zuerst die Hände, dann die Füße und nach und nach der ganze Leib. Diese Haut- und Druckreize des Wassers helfen, die Körperwahrnehmung mit aufzubauen. Eine wichtige Hilfe auch für Kinder, die per Kaiserschnitt zur Welt gebracht wurden. Ihnen fehlt der Druck des Geburtskanals. Über intensive Druckübungen können wichtige Informationen nachgeholt werden. Natürlich ist bei diesem Schwung, wie bei allen anderen, das Gleichgewicht mitbeteiligt. Von den Eltern kann der Rhythmus auch noch mit der Stimme unterstützt werden. Die akustische Begleitung weckt beim Kind die Aufmerksamkeit und es schaut zur Mutter und hält den Kopf.

Verspürt man bei den Schwüngen immer zu einer Seite einen deutlicheren Widerstand als zur anderen Seite, so deutet es auf eine Seitigkeit hin. Sie kann allein durch einseitiges Tragen hervorgerufen sein und verschwindet, wenn man darauf achtet, die Trageseite regelmäßig zu wechseln. Sollte diese Seitendifferenz mehrere Schwimmstunden hintereinander gespürt werden und kommen noch andere spür- oder sichtbare Hinweise bei anderen Übungen hinzu, sollte der Kinderarzt beim nächsten Besuch darauf aufmerksam gemacht werden. Die Muskulatur wird durch die Bewegungen gegen den Widerstand gekräftigt. Bei Verkrampfungen erfahren Rumpf und Beine eine Lockerung.

4. Übung

Wir legen den Säugling mit der Brust auf die querliegenden Daumen. Beim Rückwärtsgehen drücken die Finger leicht auf die Schultern. Der Rumpf sinkt ein Stückchen nach unten. Da das Kind leichter als Wasser ist und weil durch das Rückwärtsgehen ein dynamischer Auftrieb entsteht, schwingt der Rumpf wieder hoch. Bei wechselnder Be- und Entlastung beschreibt der Rumpf eine wellenförmige Bewegung ähnlich dem Delphinschwimmen. Je schneller die Rückwärtsbewegung ist, um so besser schwingt das Kind auf und ab.

Mögliche Fehler:

1. Das Kind liegt nicht auf den Daumen, sondern wird durch einen festen Griff fixiert und kann nicht selbständig schwingen.
2. Das Kind wird zu tief gedrückt. Dadurch dauert es bedeutend länger, bis es wieder nach oben schwingt. Außerdem vermindert sich der Auftrieb durch die steile Körperlage.

Wie bei der vorangegangenen Übung dient dieser Schwung der Körperwahrnehmung und dem Muskeltonus. Hockt das Kind die Beine in der Hüfte und den Knien stark an, deutet das auf mangelnde Sicherheit hin. Nach einer Schmusepause wandern die Hände von der Schulter etwas tiefer zum oberen Rand des Beckengürtels und wir versuchen es noch einmal. Bei Kindern mit Down-Syndrom hilft diese Übung, das schwache Bindegewebe des Bauches zu kräftigen.

5. Übung

Rechtshänder setzen ihr Kind auf den linken vor der Brust gebeugten Unterarm. *(Foto 9)* Dabei wird der Rücken des Kindes von der Brust der Eltern gestützt und der Kopf des Säuglings liegt seitlich am Hals des Erwachsenen. Nun wird mit der rechten Hand der Unterschenkel des Kindes so gefaßt, daß der Daumen auf der Wade und die

Foto 9: Auf dem Arm der Eltern sitzen

Finger auf dem Schienbein liegen. Wir beginnen mit dem rechten Bein und schütteln mit leichten Bewegungen aus dem Handgelenk den Unterschenkel bis die Muskulatur sich lockert. Es folgt das linke Bein. Im Anschluß daran hockt die Mutter ein Knie an (unsichere Eltern probieren es mit dem Rücken am Beckenrand) und das Kind wird rücklings auf das Knie gesetzt. Nun können beide Oberschenkel mit Auf- und Abbewegungen aufgelockert werden. Anschließend werden die Beine gespreizt und geschert. Den Abschluß dieser Übung bilden Rotationen, die dem Brustbeinschlag ähneln. Die Bewegung wird an den Unterschenkeln ausgeführt. Es sind Rotationen der Beine und führen zu einer besseren Hüftentwicklung, da der Oberschenkelhalskopf in der Hüftpfanne rotiert und der Druck auf die Innenseite der Hüftpfanne ein Entwicklungsreiz für die Hüftentwicklung bedeutet.

Nach dieser Übung kann man häufig beobachten, daß die Kinder fortfahren zu strampeln. Die Aktivierung der Beinmotorik ist ein Indiz für eine Verbesserung des Körperschemas.

6. Übung

Fassen Sie Ihr Kind in Rückenlage unter die Achseln, wobei der Kopf mit der Schulter abgestützt wird. Beim Rückwärtsgehen mit Ausfallschritten nach links und rechts ziehen Sie Ihr Kind in schwungvollen Bewegungen durch das Wasser. Je mutiger die Schwünge ausgeführt werden, um so heftiger wird der Wasserwiderstand, der auf den Rumpf einwirkt. Hilfreich ist es, das Kind mit dem Oberkörper aus dem Wasser zu nehmen, damit der Wasserwiderstand voll auf Hüfte und Beine trifft. Zusätzlich können die Hände mit einem leichten Druck den Schwung unterstützen. Bei diesen schlängelnden Bewegungen kann man beobachten, daß jeweils das dem Schwung zugewandte Bein angehockt wird, während das andere sich streckt. *(Foto 10)* Diese Bewegungen erinnern an die schlängelnde Fortbewegung des Lurchs, der auch bei jeder Wirbelsäulenbeugung das Beinpaar abwechselnd einsetzt. Diese Übung ist in der Tat die Auslösung des Vierfüßlerganges — ein archaisches Bewegungsmuster, das im Stammhirn ange-

Foto 10: Auslösen der Schreitbewegung

siedelt ist. Entscheidend für diese Bewegungsprovokation ist der Wasserdruck, der auf die Hüften und Beine einwirkt. Das auslösende Organ für diese wechselnde Beinbewegung ist nicht das Gleichgewichtssystem, wie ich anfangs glaubte, sondern die segmentale Wasserdruckeinwirkung auf Rumpf und/oder Beine. Wenn ich den Schwung mit gleicher Intensität in der Luft ausführe, bewegen sich die Beine nicht mit. Mit dieser Übung kann die Schreitbewegung ausgelöst werden. Sie hilft den Kleinen im Wasser, sich frühzeitig in speziellen Schwimmhilfen mit den Beinen vorwärtszubewegen. Von entscheidender Bedeutung ist diese Übung für Kinder mit Cerebralparesen, da auf diese Weise das Gangmuster im Hirn etabliert werden kann. Bei diesen Kindern ist die Bewegung wie bei jedem anderen auszulösen und sie nutzen sie auch im Wasser, um mit Schwimmflügeln alleine vorwärtszukommen.

7. Übung
Nehmen Sie Ihr Kind wieder rücklings auf den Arm und unterstützen den Po des Kindes mit dem angezogenen Knie.

Beide Beine werden am Knie angefaßt und die Fußsohlen bei angebeugten Knien gegen die Beckenwand gedrückt. Entsprechend der Reizdichte (Druckstärke und Druckdauer) beantwortet das Kind diesen Reiz, indem es sich von der Wand abdrückt. (Bauerreaktion) Es ist erstaunlich, mit welcher Kraft sich schon wenige Monate alte Winzlinge abstoßen können.

Die Übungen 5, 6 und 7 dienen dazu, die Beine deutlicher wahrzunehmen, sie zu kräftigen und die Motorik anzuregen. Dabei spielen Hautreize, Vibrationsreize und Reize aus der Muskulatur eine wichtige Rolle.

8. Übung

In der Position Gesicht zu Gesicht setze ich das Kind auf mein angezogenes Knie. Ich bilde mit beiden Händen zwischen Daumen und Zeigefinger eine Gabel, mit denen ich das Kind unter den Armen unterstütze. Das Kind hängt mit seinen Oberarmen in den Händen wie ein Ringeturner im Kreuzhang. Sind die Hände dicht am Körper des Kindes, kann sich selbst ein Winzling in dieser Position halten. Rutschen aber die Hände in Richtung Ellbogen nach außen oder wird das Kind aus dem Wasser gehoben, ändert sich die Belastung auf die Arme und Schulter und die Arme geben nach. Durch vorsichtige Änderung des Hebels der Arme oder Verminderung des Auftriebs, indem weniger vom Körper in das Wasser eintaucht (Archimedisches Gesetz) kann ganz vorsichtig die Belastung auf die Schultern geändert werden. Diese schrittweise Belastungsdosierung ist nur im Wasser möglich. Sie führt zu einer Kräftigung der Schulter- und Armmuskulatur. Dies ist bei allen Kindern mit Muskelhypotonien ganz wichtig. Zum Beispiel nichtbehinderte Kinder, die in ihrer Wachzeit die Rückenlage bevorzugen, üben ihre Stützmuskulatur weniger als solche, die in Bauchlage den Oberkörper aufrichten müssen, um etwas beobachten zu können. Durch diese Kräftigungsübungen können sie an Land zum Stütz und Drehen kommen. Im Wasser ist eine gewisse Stabilität des Schultergürtels wichtig, um mit Schwimmhilfen alleine schwimmen zu können. Würden die Arme und Schultern dem Druck nachgeben, sinkt der Mund ins Wasser. Da das Schultergelenk ein offenes Gelenk ist, könnte es so auch leicht beschädigt werden. Aus diesem Grund ist diese Übung auch der Test, ob schon Schwimmflügel angezogen werden können.

9. Übung

Im tiefen Wasser bestimmt die Kopfposition die Körperlage. Wird der Kopf nach hinten genommen, rotiert der Körper um die Körperquerachse (das ist die Achse, die von den Armen und der Schulter gebildet wird) in die Rückenlage. Beugt das Kind den Kopf nach vorn, so dreht es sich auf den Bauch.

Um diese Rotation zu üben, hält ein Erwachsener das Baby wie in Übung 8 beschrieben unter den Oberarmen. Ein zweiter Erwachsener versucht mit einer Rassel oder mit Fingerschnalzen den Blick des Kindes zu fangen. *(Foto 11)* Schaut das Kind auf den Gegenstand, so wird er über den Kopf nach hinten ge-

Foto 11: Rotation um die Körperquerachse

führt. Will das Kind dem Gegenstand mit den Augen folgen, muß es den Kopf nach hinten nehmen und es dreht sich auf den Rücken. Sobald die Rassel wieder nach vorn wandert und das Kind sie mit den Augen weiterverfolgt, wird es auf dem Bauch landen. Bei jeder Wiederholung klappt diese Rotation besser. Schon Halbjährige lernen so, ihre Körperlage zu verändern. Es handelt sich tatsächlich um einen Lernprozeß, denn das Kind wird bei der Wiederholung nicht nur den Kopf drehen, sondern auch die Arme bei der Rotation mitbewegen, um die Drehung zu unterstützen.

Da sich nicht immer zwei Erwachsene um einen Säugling kümmern können, kann diese Übung auch abgewandelt werden. Das Baby wird in Rücklage nur auf die Zeigefinger gelegt. Nun pustet der Erwachsene vor dem Kind ins Wasser, daß es blubbert, um die Aufmerksamkeit nach vorn zu lenken. Versucht das Kind, nach vorn zu schauen, rotiert es in die Bauchlage. Bei dieser intelligenten Handlung verknüpft das Kind Wahrnehmung und Bewegung (Sensomotorik) und lernt, durch Koordination verschiedener Muskelgruppen die Bewegung zu erleichtern. Diese Bewegung ist nur im Wasser möglich, da nur dort diese Körperpositionen eingenommen werden können.

Mögliche Fehler:

Sie fassen zu dicht am Rumpf des Kindes und bremsen die Rotation. Wenn sich das Kind aus der Rückenlage nicht nach vorn bewegt, kann es möglicherweise das Spielzeug auch in dieser Position sehen und braucht sich nicht zu drehen. In dem Fall muß die Rassel vorn ins Wasser genommen werden.

Diese Übung ist eine Vorbereitung, um später mit speziellen Schwimmflügeln zu schwimmen und dabei die Körperlage zu halten und zu verändern. Es werden die Arme gekräftigt, das Kind lernt im Oberkörper zu koordinieren und das Gleichgewicht und die Körperlage zu kontrollieren. Diese Übung funktioniert auch bei Kinder mit mangelnder Kopfkontrolle und cerebralen Koordinationsstörungen. Natürlich dauert es etwas länger, bis die Übung beherrscht wird und es sind einige weitere Hilfestellungen nötig.

Bei den folgenden Übungen ändert sich der Haltegriff. Die Hände umfassen unter den Achseln den Rumpf, die Handballen ruhen auf der Brust und die Daumen liegen locker auf den Schultern. *(Foto 12)*

Foto 12: Haltegriff 2

10. Übung

Wir halten das Kind Gesicht zu Gesicht. Beim Rückwärtsgehen werden Rumpf und Beine des Kindes schwungvoll aus dem Wasser gehoben, wobei die Bewegung aus dem Handgelenk erfolgt und nicht mit dem ganzen Arm ausgeführt wird. Anschließend platschen die Beine aufs Wasser. Hierbei müssen der Rumpf und die Beine gleichmäßig über dem Wasser gestreckt sein. Der Kopf ist leicht im Nacken.

Diese Übung kräftigt die gesamte Rückenmuskulatur. Die schnellen Drehungen sprechen das Gleichgewicht an und das Platschen fördert die Wahrnehmung der Beine. Die meisten Kinder beantworten diese Übung mit fröhlichem Quietschen. Anfänger üben es etwas vorsichtiger.

11. Übung

Wenn Sie Ihr Kind ruhig um die Körperlängsachse nach links und rechts drehen, erlebt es diese Drehung als vestibulären Reiz. Ziehen und schieben Sie es aber mit abrupten Bewegungen wechselweise um die Körperlängsachse, rotiert der Rumpf dabei nach rechts und links, wobei im Körper eine Torsion entsteht. Da die Kraft an der Brust des Kindes ansetzt und der Körper vom Wasser gebremst wird, überträgt sich die Bewegung von der Brust über den Rumpf, die Hüften bis in die Beine zeitversetzt. Sie können diese Bewegung noch durch Zischen akustisch begleiten. Dabei beschreibt das Zischen – wie das eines Zuges – genau die abrupten Bewegungen. Wir fahren Eisenbahn im Wasser.

Diese Bewegung dient durch Dehnungen einmal der Lockerung des Rumpfes, durch den Wasserwiderstand aber auch der Kräftigung. Da die Hüfte und Beine wechselweise mitschwingen, wird eine Laufbewegung eingeleitet, die einige Kinder spontan übernehmen. Taucht das Kind bis zur Schulter ins Wasser, schwingen die Arme ebenfalls im Wasser und werden aktiviert.

12. Übung

Halten Sie Ihr Baby Gesicht zu Gesicht. Drehen Sie nun das Kind um seine Körperlängsachse nach rechts, dann schaut das Kind nach Ihrer linken Seite. Dabei verändert sich der Haltegriff. Der linke Handballen liegt weiterhin auf der Brust, während die rechte Hand nur noch mit den Fingern faßt. *(Foto 13)* Rotiert das Kind umgekehrt um seine Körperlängsachse nach links, schaut es zu Ihrer rechten Seite und es liegt nur noch Ihr rechter Daumenballen auf der Brust, während die linke Hand noch mit den Fingern führt. Dabei drückt jeweils der Ballen und die Finger ziehen. Nun beginnt der Schwung. Das Kind wird so gedreht, daß es zu Ihrer rechten Seite schaut und wird frontal in diese Richtung gezogen. Nun wird es gedreht bis es zu Ihrer rechten Seite schaut und Sie ziehen es dann frontal in diese Richtung. Ist das Kind an einer Seite angekommen wird es um 180 Grad gedreht und es geht in die andere Richtung.

Foto 13: Zwiegriff

Zuerst üben wir den Schwung im Stand. Nach einigen Versuchen schwingen wir rhythmisch beim Rückwärtsgehen nach rechts und links, wobei Sie mit Ausfallschritten die Schwünge unterstützen können.

Da die Kinder frontal gegen den Wasserwiderstand bewegt werden, kräftigt dieser die Bauchmuskulatur und das Bindegewebe. Bei der Drehung um 180 Grad schwingen Hüfte und Beine im Wasser und beschreiben große Schritte. Der Rumpf erfährt durch die Torsion eine Lockerung. Der Kopf des Kindes wird jeweils gegen den Schwung gedreht. *(Foto 14 nächste Seite)* Diese Veränderung der Kopfposition scheint eine Stellreaktion zu sein und hilft Kindern mit mangelnder Kopfkontrolle, aber auch bei Schiefhals den Kopf aufrecht zu halten.

Foto 14: Der Kopf dreht sich gegen den Schwung

13. Übung

Legen Sie Ihr Kind wie anfangs beschrieben auf den Rükken. Sie stehen nun hinter dem Kopf und suchen Blickkontakt, indem Sie sich über das Gesicht des Kindes beugen. Die linke Hand unterstützt den Hinterkopf während die rechte leicht das Kinn des Kindes berührt. Nun strecken Sie Ihre Arme möglichst lang und ziehen das Kind sehr vorsichtig in leichten Schlangenlinien durch das Wasser. Den Ohren, die im Wasser liegen sollen, macht das nichts aus.

14. Übung

Ebenfalls in Rückenlage unterstützen Sie den Hinterkopf nur mit der geöffneten Hand. Erregen Sie die Aufmerksamkeit des Kindes mit einem bunten Spielzeug. Bewegen Sie nun das Spielzeug zur rechten oder linken Gesichtshälfte, wird es den Kopf zur Seite drehen, um den Gegenstand zu verfolgen. Der Rumpf schwebt dabei im Wasser. Sollte sich das Kind jedesmal mit dem gesamten Körper en bloc drehen, sollte Übung 13 noch einmal probiert werden.

Beide Übungen gewöhnen an die Rückenlage. Sie ist aber meines Erachtens von keiner großen Bedeutung, da das Gesichtsfeld eingeschränkt ist. Nur ganz junge Säuglinge und bewegungsarme, dickleibige Kinder bleiben in dieser Position. Lediglich bei Kindern mit Problemen, den Kopf richtig zu halten oder zu stellen, sind diese Übungen sinnvoll, da die gesamte dafür verantwortliche Muskulatur gelockert (bei Schiefhals) und gekräftigt (bei mangelnder Kontrolle) wird.

Mittlerweile sind die Kinder müde geworden. Um sie nicht wieder über zu schnelle Übungen zu aktivieren, werden die letzten Übungen ruhiger. Zur Unterstützung wird auch die Stimme tiefer und leiser und der Sprechrhythmus ruhiger und langsamer.

15. Übung

Die Kinder werden Gesicht zu Gesicht gehalten. Ihre Hände fassen den Rumpf unter den Achseln, wobei die Daumen auf der Brust liegen und die Finger unter den Schulterblättern fassen. Nun beginnen Sie aus den Handgelenken nach rechts und links zu schwingen. Diese kleine Bewegung aus dem Handgelenk überträgt sich auf den Rumpf, der gegen den Wasserwiderstand seitlich pendelt. Unterstützen Sie mit Ihrer Stimme den Bewegungsrhythmus: „Bimm – Bamm. Bimm – Bamm".

16. Übung

Danach schaukeln Sie das Kind aus Ihren Handgelenken vor und zurück, wobei der Daumen beziehungsweise die Finger den Körper führen. Auch hier sollten Sie die Schaukelbewegung akustisch begleiten: „Einmal vor, dann zurück."

17. Übung

Als letzte Übung verbinden Sie die beiden vorangegangenen. Der Körper dreht nun nach rechts – hinten – links – vorn und umgekehrt. Er beschreibt eine Rotation wie beim Tanzen mit Hoo-la-hoop-Reifen. Wird die Drehung nur aus den Fingern und dem Handgelenk ausgeführt, bedeutet das eine recht anstrengende Übung für das Kind und kräftigt den gesamten Rumpf.

Nach diesem anstrengenden Programm werden die Kinder noch auf dem Arm gewiegt, bevor sie das Wasser verlassen. Natürlich kann man auch früher Schluß machen, wenn das Kind zeigt, daß es für heute genug hat. Bei ganz kleinen und wenig belastbaren Kindern werden die ersten beiden Stunden einfach halbiert. Danach haben sich selbst zarte Frühgeborene an die Übungen gewöhnt.

Spielzeug im Wasser

Das beschriebene Übungsprogramm erweckt den Eindruck, als ob das Kind nur passives Objekt ist, mit dem etwas gemacht wird. Das ist aber nicht der Fall. Zwischendurch sollen die Kinder Möglichkeiten haben, zu spielen und auch andere Geräte wie Ring, Matten oder Planschbecken auszuprobieren. Außerdem müssen ja nicht alle Übungen in einer Stunde durchgeführt werden. Zum Spielen gehört Spielzeug und / oder ein Spielpartner. Wir benutzen für die Winzlinge alle möglichen Schwimmtiere, Rasseln, Puppen, Bälle mit und ohne Noppen, verschiedene Schwämme und Topfkratzer, Reifen, Matten und Planschbecken.

Bei Materialien, die nicht ausdrücklich für das Wasser hergestellt worden sind, muß man damit rechnen, daß sie vom Chlorwasser angegriffen werden. Hölzer können quellen, Klebestellen, beispielsweise bei Bürsten, lösen sich auf, Luftballons platzen innerhalb einer Stunde und die Farben werden ausgebleicht.

Die Spielzeuge dienen dazu, die Kinder zu motivieren, hinterherzuschauen, sie anzufassen, darauf zu liegen, zu sitzen oder zu kriechen oder sie mit Schwimmbewegungen – teilweise mit elterlicher Unterstützung im Badewannensicherheitsgriff – zu verfolgen.

Sie wissen mittlerweile, daß ganz junge Säuglinge über einen Schwimmreflex verfügen. Arme und Beine beginnen zu strampeln, wenn sie bäuchlings ins Wasser getaucht werden. Das Besondere an frühkindlichen Reflexen ist, daß sie zu einem bestimmten Zeitpunkt auftreten und zu einem bestimmten Zeitpunkt auch wieder verschwinden. In der Zeit ihres Bestehens erfüllen sie bestimmte, die Existenz sichernde Funktionen. Durch Üben und Konditionierung können diese Reflexe als Fertigkeiten gelernt werden. Soll der Schwimmreflex über die Zeit gerettet werden, muß er im Gehirn auf eine höhere Ebene gehoben, d.h. gelernt und verankert werden: vom Hirnstamm in den motorischen Kortex. Dieser so wissenschaftlich klingende Prozeß läuft folgendermaßen ab: Sie zeigen Ihrem Kind im Badewannensicherheitsgriff ein Spielzeug. Durch den Schwimmreflex beginnen Arme und Beine zu rudern. Gleichzeitig möchte das Kind das Spielzeug, das so dicht vor ihm im Wasser schwimmt, erreichen und erkunden. Sie gehen immer nur dann vorwärts, wenn das Kind strampelt. Es lernt, nur dann erfolgreich zu sein, wenn es sich bewegt. Dieser Prozeß gilt als gelernt, wenn das Kind sofort beim Vorzeigen eines interessanten Spielzeugs oder bei neuen Geräuschen versucht, strampelnd dahinzugelangen. Aus einer ungesteuerten wird eine gesteuerte Bewegung. Auslöser dieses Lernprozesses ist das *Interesse am Gegenstand* und eine *Erfolgsaussicht*. Das heißt, wenn das Spielzeug nicht ansprechend ist oder unerreichbar erscheint, wird das Kind nicht motiviert sein, es zu erreichen. Denken Sie immer an diese beiden Grundvoraussetzungen, wenn Sie Ihr Kind motivieren wollen!

Spielzeuge sind aber auch Ablenkung, wenn etwas die Laune verdorben hat. Ein lautes Geräusch, ein Spritzer oder ein Verschlucker können einen Säugling aus dem inneren Gleichgewicht bringen. In solch einem Fall lenkt ein Spielzeug oder der Schnuller ab und das Leid ist schnell vergessen. Wenn sich am Ende der Stunde ein Kind, das schon müde ist, erschreckt, nutzt auch keine Ablenkung mehr. Ein waches Kind toleriert mehr als ein müdes. In diesem Fall beenden Sie die Stunde lieber ein paar Minuten früher.

Kleinkinderschwimmen

Die erste Stunde

Mit einem Jahr beginnen Kinder allmählich zu laufen. Zumindestens sind sie bei den Vorübungen und haben mit der Aufrichtung gegen die Schwerkraft schon Erfahrungen gesammelt. Die Haupterfahrung ist dabei, mit den Füßen auf einer relativ kleinen Fläche den Körper auszubalancieren.

Kommen nun Kleinkinder mit dieser Erfahrung das erste Mal ins tiefe Wasser, fehlt der Boden unter den Füßen. In der gesamten motorischen Erfahrung fehlt dieses Erlebnis. Folglich ist es bedrohlich. Die Füße umklammern den elterlichen Leib und die Arme lassen auch nicht mehr los. Ein häufiger Gedanke in dieser Situation ist: „Wie soll jemals aus diesem Klammeräffchen ein fröhlicher, angstfreier Schwimmer werden?" Lassen Sie Ihr Kind erst einmal aus dieser relativ sicheren Warte das Schwimmbad, die Spielzeuge und die anderen Kinder anschauen. Vermitteln Sie einen sicheren, fröhlichen Eindruck, auch wenn Sie das Verhalten Ihres Kindes überrascht. Bislang hatten Sie einen forschen Draufgänger und dieses Benehmen kennen Sie an Ihrem Kind überhaupt nicht. Für mich ist es eine völlig normale Situation.

Zeigen Sie Ihrem Kind das Schwimmbad und beschreiben Sie die lustigen Seiten des Schwimmens. Bälle sind meistens unwiderstehlich. Bieten Sie einen an. Fühlen Sie dabei immer wieder unmerklich das Herz, indem Sie einfach die Hand auf die Brust legen. Pocht es kräftig, warten wir noch ab. Schaut Ihr Kind aber schon zu den anderen, faßt eine Hand schon zu einem Spielzeug oder beginnen die Beine zu strampeln, lösen Sie vorsichtig die Beine des Kindes. Sollte das Kind wieder zu klammern versuchen, entziehen Sie sich diesem Versuch, indem Sie in der Hüfte abbeugen. Gehen Sie nur noch rückwärts und ziehen Ihr Kind in großen schwungvollen Bewegungen hinter sich her. Durch den Wasserwiderstand lösen sich die Beine. Dieses Verfahren wiederholen Sie so oft, bis die Beine nicht mehr klammern. Während der Pausen lassen Sie Ihr Kind auf dem angezogenen Knie sitzen. Vermeiden Sie es, Ihr Kind unter dem Po zu unterstützen. Damit helfen Sie mit, daß wieder geklammert wird. Versuchen Sie sogar, die Schwünge mit Ihrem Kind in Rückenlage durchzuführen. Sie haben es dabei fest im Arm, der Kopf liegt an Ihrem Hals und Sie können dabei schmusen. Bei all diesen Bemühungen lassen Sie nie den Eindruck entstehen, daß Sie nicht Herr der Situation sind!

In der Pädagogik ist es ganz wichtig, wer die Initiative in bestimmten Situationen ergreift. Wer Entschlußkraft zeigt, bestimmt das Geschehen!

Ich kann mich an Szenen erinnern, bei denen die Eltern im Wasser bettelten, daß das Kind doch ins Wasser kommen sollte. Das Kind saß mit einem triumphierenden Gesicht draußen, spielte mit Spielsachen und verweigerte sich total.

Die Situation änderte sich schlagartig, als die Eltern sagten, daß sie gerne schwimmen würden und das Kind solle draußen warten. Sie würden zwar mit ihm auch gerne schwimmen, ließen sich aber nicht den Spaß verderben. Außerdem sei das Spielzeug nur für das Wasser bestimmt. Innerhalb kürzester Zeit war das Kind im Wasser und im Verhalten völlig umgewandelt. Die Kinder müssen bei uns nicht schwimmen, sondern sie dürfen ins Wasser. Allein mit diesem rhetorischen Manöver bestimmen Sie das Geschehen.

Die ersten Minuten im Wasser sind entscheidend für das weitere Kursgeschehen. Sind die Eltern davon überzeugt, daß ihr Kind Angst hat und man ihm doch Zeit lassen sollte, bis es allein ins Wasser kommt, vertut kostbare Zeit. Wie soll ein Kind mit den Besonderheiten des tiefen Wassers außerhalb des Wassers vertraut werden? Erfahrungen können nur im Wasser gesammelt werden, und dazu muß ich dem Kind – bei allem Verständnis für die fremde Situation – Gelegenheit geben.

Setze ich das Kind auf den Beckenrand, kann es auch nicht klammern. Wir spielen, ins Wasser zu springen. Dazu wird das Kind vom Rand wieder ins Wasser gehoben. Nach einigen Wiederholungen beugt es den Oberkörper weit nach vorn und plumpst allein wieder ins Wasser in den Arm der Mutter, wobei aber der Kopf über Wasser bleibt. Anfangs kann noch am Oberkörper das Nach-vorne-beugen unterstützt werden. Vermeiden Sie, das Kind an den Armgelenken zu fassen, da sich durch diesen Griff die Bewegung umkehrt und Sie das Kind heftig ziehen müssen, damit der Kopf nicht auf den Rand fällt. Nach einigen Versuchen, beginnen Sie, das Springen mit einer Symbolhandlung zu verknüpfen. Das Kind sitzt auf dem Rand. Nun setzen wir links und rechts neben das Kind Puppen oder Schwimmtiere. Zuerst darf das rechte Tier, dann das linke Tier und dann das Kind springen. Alle Sprünge werden akustisch verknüpft. Beim nächsten Schritt läßt das Kind die Puppen ins Wasser springen, um dann selbst aktiv ins Wasser zu springen. Dabei nehmen Sie Ihre Unterstützung immer mehr zurück. Irgendwann wird dabei das Gesicht naß und dann der ganze Kopf.

Trägt das Kind in den folgenden Stunden Schwimmflügel, kann das Spiel noch erweitert werden. Nachdem Puppen und Kind ins Wasser gesprungen sind, werfen Sie die Puppen an eine gegenüberliegende Seite des Schwimmbeckens. Wir springen wieder bei den Puppen ins Wasser. Die Strecke zur anderen Seite muß allein geschwommen werden. Zuerst waren die Puppen Motivation zum Springen, jetzt ist das Springen Motivation zum Schwimmen.

Die erste Stunde sollte inhaltlich nicht überfrachtet werden. Das Kind muß so viele Eindrücke verarbeiten, daß die Spielangebote eigentlich ausreichen. Es können ja auch Schwünge des Säuglingsprogramms mit hineingenommen werden. Es sei denn, daß Sie schon seit geraumer Zeit mit Ihrem Kind zum Schwimmen gehen und es mit all den Besonderheiten des Wassers und auch den Schwimmflügeln vertraut ist. In dem Fall kann man schneller vorgehen. Ansonsten ist in der ersten Stunde Schwimmen mit Schwimmflügeln nicht vorgesehen. Sicherlich haben Sie Ihr Kind genügend gelobt und ermuntert – auch hier wäre zu viel Lob falsch. Nach solch einem Start haben manche Eltern Schwierigkeiten, die Stunde zu beenden.

Schwimmen mit Schwimmflügeln

Im Säuglingsprogramm ist schon beschrieben worden, wie man herausfinden kann, welches Kind bereits mit Oberarmauftriebshilfen, ohne Schaden zu nehmen, schwimmen darf. Schwimmhilfen und speziell Schwimmflügel werden immer wieder verteufelt. Für mich sind es Hilfen zum Schwimmen. Sobald diese Hilfen nicht mehr nötig sind, kann man auf sie verzichten und geringere Hilfen benutzen bis auch sie schließlich nicht mehr benötigt werden. Oft wird argumentiert, Schwimmhilfen vermitteln ein falsches Auftriebsgefühl und eine trügerische Sicherheit.

Schwimmflügel sollten nur unter Aufsicht Erwachsener benutzt werden!

Um die Körperlageveränderungen, Drehungen und Fortbewegung im tiefen Wasser zu üben, sind sie hervorragend geeignet und deshalb beim Schwimmen mit Behinderten kaum fortzudenken. Diese Erfahrungen sind die Grundlage für den weiteren Umgang mit den besonderen physikalischen Eigenschaften des Wassers. Natürlich ist eine Schwimmhilfe aber immer nur ein Kompromiß, denn das Ziel ist, irgendwann einmal völlig ohne fremde Hilfe – wo es geht – die Besonderheiten des Wassers auszukosten. Manchmal versuchen Zwei- oder Dreijährige, sich der Flügel zu entledigen. Gut, dann kann man dem Kind die Folgen erklären oder sie auch praktisch demonstrieren. Schwimmen mit irgend einer Schwimmhilfe enthebt die Eltern nicht, Aufsicht zu führen. Und selbst Kleinkinder, die frei schwimmen können, sollten nie allein ins Wasser!!!

In der Literatur und im Fachhandel werden unterschiedliche Schwimmhilfen angeboten. Wir unterscheiden Hilfen, die Auftrieb bieten und Hilfen, die andersartig helfen, zu schwimmen. Schwimmtiere motivieren, sich vorwärtzubewegen und Flossen für Füße oder Hände bieten nur Auf- und Vortrieb, wenn man sich bewegt. Anders ist es bei Auftriebshilfen, die soviel Auftrieb bieten, daß man ohne Bewegung über Wasser bleibt. Dieser Fremdauftrieb wird nun an verschiedenen Stellen am

Körper angebracht. Mancher Hersteller vergißt dabei nur, daß sich mit dem Wachstum des Menschen die Körperproportionen verändern und sich damit Körperschwerpunkt (KSP) und Volumenmittelpunkt (VMP) verschieben.

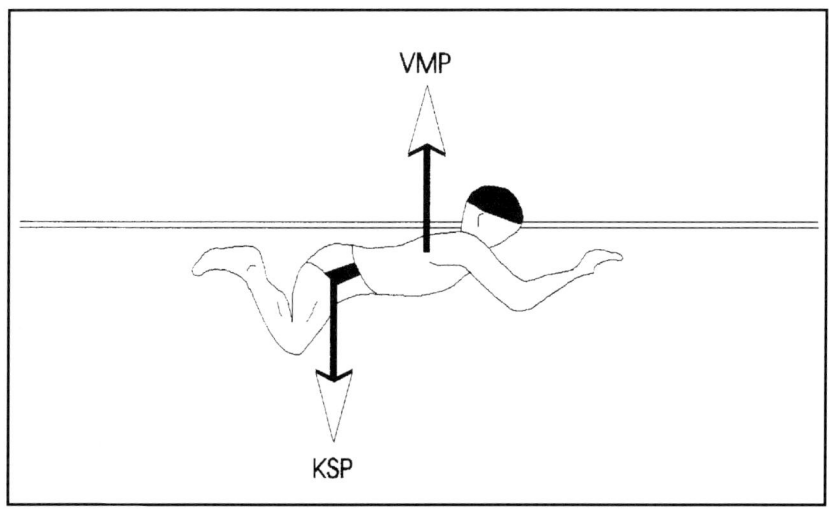

Abb. 1: Auf- und Abtrieb beim Schwimmen

Diese beiden für die Biomechanik des Schwimmens so wichtigen Punkte bestimmen die Lage des schwimmenden Körpers.

In der unteren Graphike kann man erkennen, daß die Proportionen von Kopf – Rumpf – Beine beim Neugeborenen im Größenverhältnis 2: 3: 3 sind, während es beim Erwachsenen 1: 3: 4 beträgt.

Beim Neugeborenen ist es der Kopf, während beim Erwachsenen die Beine am schwersten sind und absinken. Auch das spezifische Gewicht des Säugling ist geringer als das eines Erwachsenen. Je nach Alter und Gestaltwandel variiert folglich die Körperlage im Wasser. Denken wir jetzt auch noch an Behinderte, so stellen wir fest, daß bei ihnen wiederum andere Voraussetzungen beim statischen Schwimmen herrschen, d.h. wenn man ohne Bewegung im Wasser schwebt.

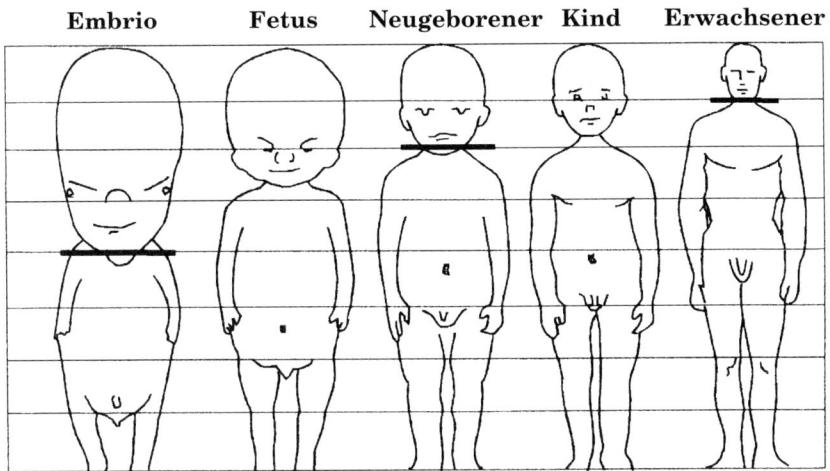

| Embrio | Fetus | Neugeborener | Kind | Erwachsener |

Abb. 2: Proportionswandel Kopf-Rumpf-Beine

Nach diesen sehr theoretischen Überlegungen wird es aber klar, daß nicht für jeden Menschen eine X – beliebige Auftriebshilfe richtig ist. Je näher eine Schwimmhilfe zum Körperschwerpunkt rückt, um so leichter kann man vornüberkippen. Angst bedeutet, in bestimmten Situationen handlungsunfähig zu sein. In dieser Situation ist man unfähig, sich dem Kippen zu entziehen und bekommt Angst.

Da wir beim Kleinkinderschwimmen auf Auftriebshilfen nicht verzichten möchten, muß der Auftrieb so hoch wie möglich am Körper ansetzen. Es existieren Halskrausen, die davor schützen zu kippen und daß der Mund ins Wasser fällt. Diese Halskrausen engen dermaßen ein, daß sich die meisten Kinder dagegen wehren, damit zu schwimmen. Außerdem wird der Körper in einer senkrechten Position fixiert. Der nächstmögliche Körperpunkt, an dem der Auftrieb ansetzen kann, sind die Arme. Das haben auch die Produzenten von sogenannten Armmanschetten herausgefunden. Die Auswahl ist vielfältig und verwirrend. Wichtig bei Kleinkindern und Behinderten ist, daß bei Bewegungslosigkeit der Mund über Wasser ist, ohne daß die Schultern und Oberarme nach unten drücken müssen und dabei den Schulter- und Nackenbereich verspannen. Folglich muß der Auftrieb nicht über dem Arm, sondern unter dem Arm ansetzten. Damit der Körper nicht in einer Position im Wasser fixiert ist beziehungsweise die Körperlage nur mit größerem Kraftaufwand geändert werden kann, muß das Kraftfeld um den Arm in jeder Körperlage, ob in der Senkrechten oder in Bauch- oder Rückenlage immer gleich sein. Diese beiden Bedingungen werden bei Auftriebshilfen mit einem zentrischen Loch erfüllt.

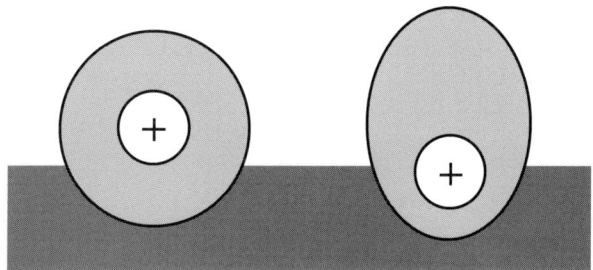

Abb. 3: Eintauchtiefen bei Schwimmhilfen

Wir benutzen eine spezielle Schwimmhilfe, die diesen Anforderungen genügt. In eine aufblasbare Plastikhülle ist ein Styroporkörper mit einem zentrischen Loch eingearbeitet. Dieser Styroporkörper garantiert in jeder Position einen gleichbleibenden Auftrieb, da die Form stabil ist. Außerdem ist durch die Plastikhülle und den Styroporkörper die vom TÜV geforderte doppelte Sicherheit gewährleistet. Die anderen Armmanschetten haben aus diesem Grund zwei Luftkammern.

Schwimmhilfen mit azentrischem Armloch haben ein keilförmiges Kraftfeld, da sie unter dem Arm abgeflacht sind und der Auftriebskörper nach oben hin zunimmt. Da sich im abgeflachten Teil weniger Luft befindet, ist die Auftriebskraft unter dem Arm geringer als über dem Arm. Soll der Schwimmflügel in der Position zum dickeren Teil gedreht werden, muß mehr Kraft aufgewendet werden, um die zunehmende Auftriebskraft zu überwinden. Das dickere Polster unter dem Arm läßt den Körper höher im Wasser liegen und das Kind schluckt weniger Wasser. Aus diesem Grund wurde versucht, herkömmliche Schwimmflügel umgekehrt – das heißt, mit dem dicken Teil nach unten – am Arm zu befestigen. Sofort nach dem Aufblasen drehten sich die Schwimmflügel in die durch die Form bestimmte Position zurück. Es läßt sich leicht ausmalen, was passiert wäre, wenn die Schwimmflügel fest am Arm gesessen hätten. Alle Auftriebshilfen, die unterhalb der Arme, z.B. um die Brust oder die Hüften befestigt werden, lassen das Kind leicht nach vorn kippen. Es braucht nur die Arme auszustrekken, um ein Spielzeug zu erreichen, und schon landet das Gesicht im Wasser. Dieses labile Gleichgewichtsgefühl kann Angst hervorrufen.

Die von uns benutzten Schwimmhilfen besitzen ein so großes Armloch, daß ein Erwachsener bequem mit der Hand hindurchfassen kann, um die Hand des Kindes so zu greifen, daß kein Finger beim Anziehen hängen bleibt. Nun wird der erste Flügel so hoch wie möglich zur Schulter gezogen und aufgeblasen. Da die meisten Eltern dabei Schwierigkeiten haben ein paar Tips: Setzen Sie Ihr Kind rittlings (mit dem Rücken zu Ihrer Brust) auf ein angezogenes Knie. Nachdem Sie den Schwimmflügel über den Arm gestülpt haben, strecken Sie den Arm und heben ihn so an, daß der Styroporkörper in die Achsel hineinragt und gleichzeitig über der Schulter liegt. Wenn Sie nun die Plastikhülle fest aufblasen, liegt sie eng um die Schulter. Achten Sie darauf, daß die Plastikhülle dicht am Arm sitzt, damit er nicht rausrutschen kann. Denken Sie auch an den Hinweis, die Arme nicht vorher einzufetten, da sie dann glitschig werden. Den Sitz der „swimfix" kontrollieren Sie von hinten, da man am Rücken besser sehen kann, ob sie dicht und fest am Arm zur Schulter sitzen. *(Foto 15 siehe nächste Seite)* Der große Nachteil dieser recht voluminösen Armreifen ist, daß die Arme die Körpermitte nicht kreuzen können, der rechte Arm reicht nicht zur linken Seite und umgekehrt. Das Kreuzen der Mittellinie ist in der Entwicklung sehr wichtig, da jeweils beide Hirnhälfte wechselweise angesprochen werden. Bedenkt man aber, wie kurz die Kinder

Foto 15: Der linke Schwimmflügel sitzt eng, der rechte ist zu weit von der Schulter

damit schwimmen, bleibt später noch genügend Zeit, dem Kind Gelegenheit zu bieten, das Überkreuzen zu üben. Wägt man Vor- und Nachteile gegeneinander ab, so überwiegen eindeutig die Vorteile, wie mir Eltern immer wieder bestätigen, die im Urlaub ständig die Schwimmflügel verleihen mußten. Ich benutze diese Schwimmflügel bei Kinder schon ab sechs Monaten, wenn der Schultergürtel genügend stabil ist. Selbst Erwachsene mit nicht zu starken Armen können sie noch benutzen.

Übungen für's Gleichgewicht

Wenige Kinder mögen das Anziehen. Wird ein Kleidungsstück über den Kopf oder die Arme gezogen, beginnt oft ein Kampf. Gegen das Anziehen der Schwimmflügel haben die meisten

Kinder ebenfalls etwas. Sie lassen sich aber sofort danach beruhigen. Auch hier gilt, welche Einstellung die Eltern mitbringen. Wenn sie nicht davon überzeugt sind, sollte das Kind auch keine Schwimmflügel anziehen. Normalerweise hilft schon eine Ablenkung mit einem Spielzeug und das Festhalten und Anziehen ist vergessen. Nun setzen wir das Kind auf das angezogene Knie Gesicht zu Gesicht. Selbstverständlich loben Sie Ihr Kind und bewundern die schönen Schwimmflügel als etwas Besonderes. Jetzt nehmen Sie langsam Ihr Knie unter dem Po des Kindes fort bis es frei schwimmt. Halten Sie Ihre linke Hand unter dem Mund ins Wasser, damit der Mund nicht ins Wasser fallen kann. In dieser Situation wäre ein Verschlukker denkbar ungünstig, da damit der Start in ein völlig neues Bewegungsgefühl von vornherein mit schlechten Erfahrungen beginnt. Es reicht, die Hand aktionsbereit im Wasser nahe dem Mund zu haben. Manche Eltern führen die Hand während der ganzen Zeit am Kinn. Ob es ihnen selbst gefallen würde, ständig eine Hand am Kinn zu haben? Hilfreich ist in dieser Situation ein Schnuller. Er beruhigt und ist gleichzeitig ein Stöpsel für den Mund. Ausgesprochene „Trinker", die auch beim Baden den mit Seife getränkten Waschlappen aussaugen, werden trotz Schnuller ebenfalls Wasser trinken. Die meisten Kinder verschlucken sich mit dem „Stöpsel" aber kaum. Ein Ratschlag an die Eltern: Hängen Sie den Schnuller mit einem Band um den Hals. Wird er ausgespuckt, geht er nicht gleich verloren. Wenn ich beginne, mit dem Kind zu üben, nehme ich gerne eine Rassel in den Mund, um die Aufmerksamkeit des Kindes darauf zu lenken, wobei meine beiden Hände frei sind. Schaut es zu mir hoch, ist der Mund sicher über Wasser. Nun versuche ich, mit der rechten Hand zu schnalzen oder mit einem Spielzeug zu locken, damit das Kind mit den Augen meine Hand verfolgt und somit den Kopf nach oben dreht. Mit der Änderung der Kopfposition rotiert das Kind aus der anfänglichen Bauchlage in die Senkrechte und weiter in die Rückenlage. Dort fange ich mit der linken Hand den Kopf auf, damit er nicht rückwärts eintaucht. Nun gilt es, den Kopf wieder nach vorn zu locken, damit sich das Kind wieder nach vorn dreht. *(Foto 16)* Sollte die Rückenlage einen Schreck auslösen, verzichte ich darauf, das Spielzeug so weit nach hinten zu nehmen. Ein Schreck in Rückenlage kann eine Schrecküberstreckung auslösen. Das Kind geht in eine Hohlkreuzstellung und der Kopf taucht rückwärts ein; bei Spastikern eine häufige Anfangsreaktion! Bei diesen ersten Versuchen sollte auch hinter dem Kind nichts Interessantes sein, damit es den Kopf nicht noch weiter nach hinten nimmt und so auch untertaucht. Nach nur wenigen Versuchen begreift das Kind, das die Kopfposition die Änderung der Körperlage verursacht und beginnt, selbstständig mit dem Kopf zu steuern. Es ist deutlich zu beobachten, wie das Kind bei jedem Versuch sicherer wird und neben dem Kopf auch Schultern, Rumpf und Beine mitbenutzt. Die Drehung um die Körperquerachse ist gelernt und wird beherrscht.

Natürlich werden die ersten Versuche immer wieder mit Spielen und Pausen unterbrochen. Wichtig ist, daß Spielzeug in die Hände gereicht wird, da die Schwimmflügel die Augen –

Foto 16: Gleichgewichtsübung mit Schwimmflügeln

Hand – Koordination verhindert, was folglich das Greifen von Gegenständen unmöglich macht. Bei einer Pause sollte darauf geachtet werden, daß beim Hochnehmen des Kindes die Schwimmflügel nicht verrutscht werden. Entweder setzen Sie es wieder aufs Knie und fassen an der Hüfte an oder Sie drücken es an sich, indem Sie unter dem Po unterstützen.

Nach mehreren Versuchen wird Ihr Kind müde. Durch die vielen neuen Eindrücke kann die Konzentration nachlassen. Körperliche Ermüdung zeigt sich darin, daß die Arme nicht mehr halten können und in den Schultern nachgeben. Folglich fällt der Mund ins Wasser. Oder aber die gesamte Körperlage kann nicht mehr gesteuert werden. In jedem Fall brechen wir sofort ab und ziehen die Schwimmflügel aus. Nun ist Zeit zum Drücken, Schmusen und Loben. Zum Rest der Stunde können noch einige Schwünge durchgeführt werden, aber meistens zeigt das Kind selbst recht deutlich, daß es genug hat.

Das Schwimmen mit Schwimmflügeln und die selbständige Körperlageänderung ist ein riesiges Erlebnis. Das gesamte „motorische Weltbild" wird mit einem Mal auf den Kopf gestellt. Hebt das Kind an Land den Kopf oder bewegt sich, bleibt der Körper in der Ausgangsposition. Im Wasser löst jede Bewegung sofort eine Änderung der Körperlage aus. Es fehlt die Aufrichtung gegen die Schwerkraft und das Abstützen gegen Widerstand, um die Lage zu verändern. Eine derartige Erfahrung ist noch nicht im Gedächtnis gespeichert. Die meisten Kinder verarbeiten ihre Erlebnisse des ersten selbständigen Schwimmens noch einmal in der kommenden Nacht im Traum. Sollte auch Ihr Kind aus dem Schlaf aufschrecken, so wissen Sie, daß es gerade noch einmal schwimmt. Diesen Verarbeitungsprozeß bewerte ich positiv, da er zeigt, daß das Kind Neues gelernt hat, mit dem es sich noch einmal auseinandersetzen muß. In der zweiten und den folgenden Stunden weiß es aber, was passiert und es kann sich erinnern. Deswegen ist es sehr wichtig, diese Gleichgewichtsübungen am Anfang der folgenden Stunde zu allererst zu üben, um dem Kind den Übergang aus der Schwerkraft in die Schwerelosigkeit zu erleichtern. Schon in der zweiten Stunde erkennt man einen Riesenunterschied zur ersten Stunde und ähnliche Fortschritte sind auch in den folgenden Stunden zu beobachten.

Kleinkinder, die schon mehr Bewegungserfahrung an Land besitzen, werden sich beim ersten Mal im tiefen Wasser in der Regel auch unsicher fühlen. Angst bedeutet, in bestimmten Situationen handlungsunfähig zu sein. Tiefwasser mit seinen Besonderheiten ist solch eine Situation. Die Kinder sind mit Armen und Beinen bewegungslos und verkrampft und das Herz plumpert. Bei einigen Kindern reicht es, ein Spielzeug anzubieten, nach dem es greift. Ängstlichere fassen wir, nachdem die Schwimmflügel am Arm sitzen, an den Handrücken so an, daß die Erwachsenen und nicht das Kind zufassen, denn dann können wir auch loslassen, wenn wir es wollen. Wir beginnen, wechselweise zu ziehen und wie ein Zug durchs Wasser zu schnaufen. Lockert sich durch das Ziehen die Armmuskulatur, lasse ich los. „Schau mal, Du kannst es auch allein!" Und schon fasse ich die Hände wieder an. Nach mehreren Versuchen, bei denen ich immer wieder losgelassen und angefaßt habe, gewinnt das Kind Sicherheit und bewegt die Arme allein. Dadurch entspannen sich auch die Schultern und der Rücken und das Kind fühlt sich sicher. Bei weiterhin ängstlichen Kindern, die noch eine Verbindung zur Mutter brauchen, spielen wir Pferdchen mit Wagen. Die Schleuderhörner sind die Zügel, an deren einem Ende die Mutter, am anderen das Kind anfaßt. Da diese Verbindung lediglich symbolischen Charakter besitzt, lernt das Kind, sich an die neue Situation anzupassen und zu entspannen.

Drehen und Bewegen

Können die Kleinen ihr Gleichgewicht über die Querachse halten, sollen sie im nächsten Lernschritt das Vorwärtsschwimmen üben. Zur Seite nach rechts und links können sie nicht umkippen, da die Schwimmflügel stabilisieren. Über Locken mit der Stimme oder mit Spielzeug, das immer wieder ausgetauscht wird, um etwas Interessantes zu bieten, werden sie motiviert, heranzukommen. In den meisten Fällen bewegen sich die Beine spontan und sie erreichen ihr Ziel. Sollten sich die Beine überhaupt nicht bewegen, können Reize in der Kniekehle oder den Fußsohlen gesetzt werden. Dazu nehmen wir einen Schwamm oder einen anderen kratzigen Gegenstand und kitzeln oder kratzen die Füße. Auf den Reiz antwortet das Kind, – aber auch ein Erwachsener, wenn er unvorbereitet an den Füßen gekitzelt wird – mit Hocken und Strecken. Aus dieser Reaktion wird dann eine bewußte Beinbewegung zum Vorwärtsschwimmen. Denken Sie bitte daran, daß mit kleinen Abständen begonnen wird, um ein Erfolgserlebnis zu gewährleisten. Mittlerweile kann Ihr Kind die Brust- und Rückenlage einnehmen und ein nicht so weit entferntes Ziel erreichen. Mit der Zeit werden die Abstände immer größer und bald werden große Strecken zurückgelegt. Sobald aber etwas hinter ihm interessant ist, weiß es nicht, wie es sich in die neue Richtung bewegen soll. Dieses Bewegungsmuster ist noch nicht gespeichert. Um die Drehung um die Längsachse zu üben, gehen wir folgendermaßen vor: Liegt das Kind auf dem Bauch, versuchen wir die Augen mit einem Spielzeug zu fangen. Schaut es hinter dem Spielzeug her, wird es so geführt, daß das Kind den Kopf seitlich dreht und gleichzeitig nach oben schaut. Es entsteht eine Torsion im Körper. *(Foto 17)* Nimmt es den Kopf weiter zur Seite, folgen die Schultern, der Rumpf und die Hüften. Es

Foto 17: Rotation um die Körperlängsachse

rotiert um fast 180 Grad, wobei die Bewegung anfangs eher einem Fallen als einer Drehung ähnelt. Wichtig ist jedoch, daß es die Richtung ändern kann. Nach mehreren Übungen wird die Bewegung immer gekonnter und harmonischer. Bei sehgeschädigten Kindern benutze ich zum Blickkontakt eine Unterwassertaschenlampe, völlig blinde Kinder reagieren auf Geräusche oder Hautreize im Gesicht. Einige Kinder bevorzugen anfangs eine Drehrichtung. So klappt es nach rechts vorzüglich, während nach links keine Reaktion erfolgt. Andere drehen lieber 270 Grad über die bevorzugte Seite als 90 Grad über die andere Richtung. Mit Übung werden aber bald beide Richtungen gleichermaßen gekonnt. Um die Bewegung einzuleiten stehen, wie gesagt, verschiedene Reize zur Verfügung. Neben den optischen können akustische oder kutane Reize benutzt und verknüpft werden. Ist das Kind in der Lage, mit der Kopfdrehung den ganzen Körper zu drehen, wird es wieder schwerer. Es wird hinter dem Kind gerufen oder geklatscht. Nach einem kleinen Zögern erfolgt die Drehung, wobei es die Geräuschquelle ortet und sich dann dreht. Bei dieser Variante wurde der Kopf nicht mehr herumgeführt, sondern das Kind benutzt schon das neu im Gehirn etablierte Bewegungsmuster. Das Kind reagiert selbständig. Als Krönung dieses Lernprozesses tauche ich unter dem Kind durch oder werfe einen Gegenstand über den Kopf nach hinten. In beiden Fällen hat das Kind das Geschehen beobachtet, kann aber die Position nicht orten. Es entsteht eine Pause – manchmal schauen die Kinder unter oder über sich, um zu suchen – aber der Körper bleibt verschwunden. Nun wissen sie in dem Alter schon, daß ein Gegenstand, der aus dem Blickfeld verschwindet, nicht völlig fort ist. Man muß ihn nur suchen. (Sie können das auch zu Hause üben. Legen Sie Spielzeuge vor das Kind und bedecken sie nach einer Weile mit einem Tuch. Nun muß das Kind sie entdecken.) Da vor dem Kind nichts zu sehen ist, erfolgt die Drehung und dann die Freude, es doch geschafft und gefunden zu haben.

Bei dieser Aufgabe ist die Verknüpfung unterschiedlicher Gehirnzentren notwendig, um zum Erfolg zu gelangen. Zuerst wird beobachtet, dann überlegt, es erfolgt die Drehung und schließlich die Freude über das Geschaffte. Diese Aufgabe verlangt die Verknüpfung aller den Mensch ausmachenden Fertigkeiten: Die Einheit von Wahrnehmung, Denken, Bewegen und Erleben.

Schwimmen mit Flossen

Kommen die Kinder mit den Schwimmflügeln zurecht, beherrschen alle Drehungen und erreichen jedes Ziel, ziehe ich ihnen Flossen an. Da das Schwimmen mit Flossen das bisher Erlebte wieder völlig verändert, muß anfangs mit Ablehnung gerechnet werden. Es kann ja in mehreren Stunden versucht werden. Durch den wachsenden Wasserwiderstand wird die Beinbewegung besser wahrgenommen. Außerdem wird die Beinmuskulatur durch die Mehrarbeit gekräftigt. Hat das Kind den „Vorwärtsgang" gefunden und kommt mit den Beinbewegungen vorwärts, wird es die anvisierten Ziele besser erreichen. Die Erfolge motivieren die Kinder, auch über längere Strecken nach Zielen zu schwimmen. Durch die Erfolgserlebnisse und das dadurch neugewonnene Selbstbewußtsein üben selbst behinderte Kinder auch an Land mehr. Eine weitere Veränderung durch die Flosse ist ein verändertes Gleichgewicht, da bei jeder Beinbewegung der Körper stärker schwankt und im Gleichgewicht gehalten werden muß. Die Flosse verändert und bereichert das Bewegungsrepertoire. Der Fuß eines Kleinkindes ist noch in der Entwicklung. Falsches Schuhwerk und auch falsche Flossen können die Fußform mit seinen Gewölben leicht schädigen. Achten Sie deshalb darauf, daß der Fuß ganz im Flossenschuh sitzt. Auf Flossen, bei denen an der Ferse ein Bändchen wie bei Sandalen Halt bieten soll, können Sie verzichten. Ich benutze Kautschukflossen ab Größe 22, in denen für die Füße genügend Platz ist, da eine Reihe von behinderten Kindern sehr breite oder verformte Füße haben, die in einer Plastikflosse keinen Platz finden würden. Kinder mit noch zu kleinen Füßen ziehen Krabbelsocken mit Gumminoppen an. Auf diese Weise können zwei Schuhgrößen überbrückt werden. Um ohne große Schwierigkeiten die Flosse anzuziehen, verfahren

Sie folgendermaßen: Der Fuß wird quer zur Flossenöffnung hineingesteckt, damit auch alle Zehen hineinkommen. Nun wird die Flosse gedreht und der Fuß nach vorn geschoben. Damit der Fuß richtig hineinrutscht, sollten Fuß und Flosse naß sein. Bei diesem Vorgehen muß nicht an der Ferse gezogen und geruckelt werden.

Später wirken Flossen auch als aktive Schwimmhilfe. Schon Kleinkinder können ohne Schwimmflügel, aber mit Flossen an den Füßen schwimmen. Das geht natürlich nicht abrupt, sondern in Stufen. Wenn die Kinder ohne Schwierigkeiten mit Schwimmflügeln und Flossen schwimmen können, wird der Auftrieb an den Oberarmen reduziert, indem die Luft aus den Plastikhüllen abgelassen wird. Ich benutze kaputte Schwimmflügel, bei denen ich die Plastikhülle entfernt habe. Da die Styroporkörper nicht fest am Arm sitzen, verbinde ich die beiden Flügel auf dem Rücken des Kindes mit einem Gummiband. Das Gummiband ist eine flexible Verbindung, die verhindert, daß ein Schwimmflügel über den Arm rutscht, aber auch, daß er einengt. Die Beinbewegung muß nun den verminderten Auftrieb wettmachen. Da auch die seitliche Stabilität verloren ist, muß das Gleichgewicht in der Senkrechten neu gelernt werden. Achten Sie in dieser Situation darauf, daß die Senkrechte die Ausgangsposition ist. Spannt das Kind den Körper an, könnte der Mund ins Wasser fallen. In der senkrechten Körperposition ist der Mund frei und eine Orientierung möglich. Um die angespannten Arme wieder zu lockern, kann man Eisenbahn fahren und dabei wechselweise an den Armen ziehen. Eine weitere Möglichkeit ist ein Ballspiel. Wird der Ball weggeschoben, können die Arme nicht mehr steif sein. Hat das Kind seine Sicherheit wiedergefunden, wird wieder reduziert. Ich zerschneide die Styroporkörper und halbiere sie. Alternativ können auch Styroporringe benutzt werden, die es zum Kränzebinden und Basteln zu kaufen gibt. Eine originelle Schwimmhilfe, die wenig kostet. Der Schritt von diesen kleinen Hilfen zum freien Schwimmen nur mit Flossen ist klein, wenn man dem Kind dazu Mut macht.

Dieses Vorgehen ist aber nicht nur ein Weg zum Schwimmenlernen, sondern auch bei Kindern mit Schwierigkeiten in der Beinmotorik oder Schwächen im Knochenbau eine spielerische Therapie.

Spiele im Wasser

Spielgeräte besitzen einen eigenen Aufforderungscharakter. Diese Tatsache wird heute auch in den öffentlichen Schwimmbädern genutzt, um sie attraktiver zu machen und Gäste anzulocken. Zu diesem Zweck sind riesige und kostspielige Geräte und Bewegungslandschaften entwickelt worden, um auf ihnen zu klettern, zu balancieren und ins Wasser zu plumpsen. Ich benutze bei meinen Spielangeboten nur Materialien, die es in jedem Kaufhaus gibt. Wichtig ist nur, daß alle Geräte auch anders zu benutzen sind als es der Hersteller beabsichtigt hat. Nur so werden Spielgeräte attraktiv und regen zum Ausprobieren an. Im Spiel werden Kreativität, Spontaneität, Phantasie und Risikobereitschaft gefordert. Außerdem übt man nebenbei Geschicklichkeit, Gleichgewicht, Koordination, Kraft und Ausdauer.

Wasserbälle gibt es in verschiedenen Größen mit Durchmessern von 30 bis 60 cm und alle möglichen Zwischengrößen. Schwimmreifen haben Durchmesser ab 30 bis 60 cm. Luftmatratzen besitzen unterschiedliche Oberflächen. Stoffbezogene Matratzen sind weniger rutschig als Luftmatratzen aus PVC. Auch gibt es kleine und große Matratzen für ein oder zwei Personen. Iso-Campingmatten bestehen aus einer, zwei oder drei geklebten Lagen. Dementsprechend ist der Auftrieb unterschiedlich. Aufblasbare Planschbecken, aufblasbare Boote, Rollen und Schwimmnudeln laden zum Hinein- und Hinaufklettern ein und werden auch in verschiedenen Größen und Farben angeboten. Hoo-la-Hoop-Reifen, Schleuderhörner, denen man durch kreisende Bewegungen Geräusche entlocken kann und einfache Luftpolsterfolie, ein Verpackungsmaterial, das man als Abfall bei Möbel-, Fernseh- oder Computergeschäften bekommen kann, vervollständigen neben diversem Plastikspielzeug das Spielzeugangebot. Alle Dinge können einzeln oder in Kombination mit anderen Spielzeugen benutzt werden und sind so immer wieder aufs Neue interessant.

Die diversen Materialien sprechen Kinder verschiedener Altstufen anders an. Dementsprechend finden sich bei den

Spielanregungen am Ende jeweils Hinweise, in welchem Alter bei mir diese Spiele ausprobiert werden. Ist kein Hinweis zu finden, gelten die Vorschläge für alle Altersstufen.

Säuglinge = S
Kleinkinder = Kl
Kinder (ab 4 Jahre) = K

Spiele mit Wasserbällen

Bei allen Spielen beginnen wir mit den kleinsten Bällen und nehmen später immer größere Bälle

- Wasserbälle lassen sich mit den Händen oder Füßen fortschlagen und wieder verfolgen.
- Sich in Bauchlage an dem Ball festhalten. Dabei fassen wir den Ball vor dem Gesicht, unter dem Kinn, unter der Brust und schwimmen vorwärts. (Kl, K)
- Sich in Rückenlage am Ball festhalten. Dabei fassen wir den Ball hinter dem Kopf, unter dem Hinterkopf (als Kopfkissen), vor der Brust und schwimmen vorwärts und rückwärts. (Kl, K)
- Wir halten den Ball vor der Brust und rollen über die Körperlängsachse nach rechts auf den Rücken und weiter auf den Bauch. Anschließend wird die Drehrichtung geändert. Wer schafft das mit übereinandergeschlagenen Beinen? (K)
- Wir halten den Ball vor der Brust und rollen über die Körperquerachse vom Bauch auf den Rücken und zurück. Wir schaukeln im Wasser (K).
- Wir halten den Ball vor der Brust und tanzen rechts und links herum (K).
- Wir versuchen, auf dem Ball zu sitzen (K).
- Wir packen alle Bälle in ein großes Netz und klettern auf diesen Bälle-Berg (Kl, K).
- Wir tragen bei den Übungen Flossen (Kl, K).

Spiele mit Reifen

Wir benutzen Reifen, die Durchmesser von 30, 40, 50, 60 cm besitzen. Dabei beginnen wir mit den großen Reifen. Je kleiner sie werden, um so schwieriger wird es, in ihnen sitzen zu bleiben. Das gilt aber nur, solange das Körpergewicht nicht den Reifen unter Wasser drückt und der Körperschwerpunkt dadurch tiefer sinkt. Dadurch wird das Schwanken gemindert. Einige Reifen stellen Figuren dar und sind daher unterschiedlich dick. Diese Asymmetrien erschweren es, sitzen zu bleiben.

- Kinder werden in den Reifen gehängt, halten sich mit den Armen fest und strampeln mit den Beinen.
- Das Kind wird in den Reifen gesetzt. Die Eltern legen von oben ihre Hände auf die Handrücken des Kindes und erfassen gleichzeitig den Reifen. Durch diesen Griff sind die Hände und der Reifen verbunden. Werden die Kinder geschaukelt, halten die Hände der Eltern fest. Wir fahren in einem Schwimmbadboot. Wird der Reifen vorsichtig gedreht, sitzen die Kinder in einem Wasserkarussell. *(Foto 18)*

Foto 18: Im Reifen sitzen

- Das Gleiche ohne Festhalten (Kl).
- Die Kinder werden in den Reifen geworfen und versuchen, sitzen zu bleiben (K).
- Die Kinder sitzen im Reifen und werfen sich Bälle zu (K).
- Die Kinder sitzen im Reifen und drehen ein Schleuderhorn (Musikdampfer) (K).
- Die Kinder klettern allein in den Reifen. Sie können die Treppe zu Hilfe nehmen (K).

Spiele mit der Iso-Matte

Die Iso-Matten haben eine Tragfähigkeit je nach Dicke von ca. 50 bis 80 kp.

- Wir legen oder setzen die Kinder auf die Matte und schaukeln vorsichtig.
- Wir lassen die Kinder über die Matte krabbeln (Kl).
- Wir legen zwei oder drei Matten hintereinander und unterbauen mit Reifen, so daß eine Berg- und Talfahrt zum Krabbeln entsteht (Kl).
- Wir bauen mit mehreren Matten einen Stern. Ein Kind klettert auf diesen Stern und versucht, sich in der Mitte hinzuknien oder sich aufzurichten bis zum Stehen (Kl, K).
- Die Matte dient als „Gangway" zum Einstieg in andere Geräte (Kl, K), z.B. ein Boot.
- Wir rollen eine Matte eng zusammen und setzen uns rittlings auf diese Rolle, indem wir sie senkrecht ins Wasser drücken und aufspringen. Nun wird ein Kind vorn mit auf die Rolle gesetzt. Wir reiten los (Kl, K).
- Nun rutscht der Erwachsene vorsichtig hinten von der Rolle. Dabei hält die linke Hand die Matte, während die rechte Hand dem Kind hilft, Gleichgewicht zu halten. Schließlich sitzt das Kind ohne Hilfe. Wir reiten auf einem Seepferdchen (Kl, K).
- Wir formen aus einer Matte eine große Röhre, durch die man klettern kann (Kl).

- Wir wickeln die Kinder in die Matte und rollen sie durch heftiges Ziehen wieder aus (Kl).

Spiele mit der Luftmatratze

Fest aufgeblasene Matratzen besitzen andere Eigenschaften, als etwas weichere. Auf einer prall aufgeblasenen Matratze fällt das Krabbeln und Klettern leichter, als wenn schon Luft entwichen ist. Aus diesem Grunde sollte erst zur Steigerung der Anforderung die Luft teilweise entfernt werden.

- Die Luftmatratze ist eine Insel, auf die man klettern kann. (Kl, K)
- Auf der Insel kann man liegen, sitzen, stehen und krabbeln. (Kl, K)
- Auf der Insel kann man sich vom Bauch auf den Rücken legen. (Kl)
- Auf dem Bauch liegend werden im Wasser Wellen erzeugt. Viele Kinder nehmen den Rhythmus spontan auf und beginnen, mit dem Körper weiterzuschaukeln (Kl, K).

Spiele mit dem Planschbecken

Die Planschbecken besitzen einen recht dünnen Boden und einen aufblasbaren Rand, der aus zwei oder drei Ringen besteht. Wir bevorzugen den höheren Rand. Die Durchmesser unserer Planschbecken betragen 80 bis 150 cm.

- Das Kind in das Planschbecken setzten oder legen. und durch Spielzeug zum Krabbeln animieren (S, Kl).
- Das Kind auf den Bauch legen und über den Rand schauen. Will das Kind ebenfalls über den Rand schauen, muß es den Kopf heben und in den Liegestütz gehen. *(Foto 19)* Die Erwachsenen sollten nicht das Planschbecken festhalten und fixieren, da jede Bewegung des Kindes den Untergrund in Bewegung versetzt, worauf das Kind wieder reagieren muß. Um das Kind zu noch stärkeren Bewegungsantworten zu animieren, erzeugen wir Wellen im Schwimmbad, die das Plantschbecken noch stärker schwanken lassen. (Kinder mit

Foto 19: Liegestütz zur Verbesserung der Körperkoordination

Muskelschwächen im Schultergürtel und Rumpf sollten in ähnlicher Form zu Hause auf einer zwei Drittel aufgeblasenen Luftmatratze in gleicher Form üben). Da häufig die anderen Eltern zuschauen, ist es unsere Säuglings-Peep-Show. Bevor das nächste Kind ins Becken kommt, das Wasser ausleeren, da es sich sonst in Vertiefungen ansammelt und das Kind mit dem Mund hineinfallen kann (S, Kl).

- Das Planschbecken mit Schwimmbadwasser füllen. Dreht oder schiebt man es gefüllt, bewegt es sich noch eine Weile durch die Masseträgheit (S, Kl).
- Das Becken umgedreht schwungvoll auf das Wasser stülpen. Dabei wird Luft eingefangen, das das Becken zu einer Kuppel aufbläht. Eltern können sich mit und ohne Kinder verstecken und wieder auftauchen (S, Kl). Das umgestülpte Becken wird zur Telefonzelle. Mit dem Schleuderhorn kann hinein und heraus telefoniert werden (S, Kl).
- Die Planschbecken sind Boote oder Karusselle, in denen man sitzen kann. Mit einer Iso-Matte kann man ein- und aussteigen (Kl, K).

Spiele mit Schlauchbooten

Wir haben Schlauchboote in Form von Elefanten, Nilpferden und einem Auto. Zusätzlich benutzen wir für größere Kinder ein festes, seetüchtiges Boot.

- Ins Boot hinein- und herausklettern (Kl, K).
- Boot fahren und mit den Händen schaufeln (Kl, K).
- Im Boot knien, stehen (Kl, K).
- Das Boot zum Kentern bringen (K).
- Wieviele Personen passen in ein Boot? (K)
- Von einem Boot ins andere klettern mit und ohne Hilfe von Iso- oder Luftmatratzen (Kl, K).
- Vom Beckenrand ins Boot klettern und abstoßen. Vom Boot ins Wasser springen (Kl, K).

Spiele mit Hula-Hoop-Reifen

- Der Reifen bietet einen festen Halt. Eltern und Kinder halten sich fest und tanzen im Kreis (Kl).
- Eltern und Kinder halten sich nebeneinander am Reifen fest. Die Eltern schieben den Reifen weiter, bis das Kind auf der gegenüberliegenden Seite von den Eltern losgelöst ist (Kl, K).
- Der Reifen hat einen definierten Innenraum. Wir stecken die Füße in die Mitte (Kl, K).
- Man kann in den Reifen hinein- und herausklettern (Kl, K).
- Man kann durch den senkrecht gestellten Reifen schwimmen (Kl, K).
- Je tiefer der Reifen eingetaucht wird, um so kleiner wird der Durchlaß. Schließlich muß man das Gesicht und den Kopf ins Wasser tauchen, um durch den Reifen zu gelangen (Kl, K).
- Ein Kind stellt sich mit den Füßen in den senkrechten Reifen und hält sich oben am Reifen mit den Händen fest. Die Eltern greifen helfend auf die Hände des Kindes und den Reifen. Nun wird der Reifen ein Steuerrad und dreht sich

Foto 20: Im Reifen stehen und drehen

mit dem Kind (wie ein Röhnrad) nach rechts und nach links (Kl, K). *(Foto 20)*

- An die Reifen werden Gewichte gehängt. Es entstehen Tore zum Durchschwimmen oder ein Tauchparcours (Ki, K).
- Die Kinder springen zuerst im Sitzen, dann im Stehen vom Rand in den Ring (Kl, K).

Spiele mit Schleuderhörnern

Mit Schleuderhörnern oder Heulschläuchen kann man durch Dreh- oder Schleuderbewegungen Töne erzeugen. Sie ähneln Drainagerohren und haben verschiedene Farben. Sie können auch zu langen Schlangen zusammengesteckt werden, wenn man Kupplungen (aufgeschlitzte Rohre) dazwischensteckt.

- Wir versuchen auf Matten, Booten, Reifen u.v.m. sitzend oder stehend Töne zu erzeugen (Kl, K).

- Wir pusten wie die Elefanten Wasser aus dem Rohr (Kl, K).
- Wir spritzen Bälle an, damit sie wegrollen (K).
- Wir telefonieren (S, Kl).
- Eltern pusten unter Wasser das Kind an und reizen seine Haut (S, Kl).
- Die Schleuderhörner werden zu Zügeln. Ängstliche Kinder haben so noch eine Verbindung zur Mutter. Wir spielen Pferdchen und Wagen und fahren durchs Wasser (Kl).
- Schleuderhörner werden Wasserleitungen, aus denen Wasser geschüttet werden kann (S, Kl).

Spiele mit der Luftpolsterfolie

Wir benutzen Luftpolsterfolie der Verpackungsindustrie. Die verschieden großen Bläschen üben unterschiedliche Reize auf der Haut aus. Je nach Gewicht der Benutzer kann die Folie mehrfach übereinandergelegt werden.

- Auf der Folie liegen und eingepackt werden *(Foto 21)*

Foto 21: Pakete packen

- Auf der Folie krabbeln, klettern, rutschen, rollen.
- Auf der Folie liegen und mit dem ganzen Körper dem Schaukeln des Wassers „lauschen" (Kl, K).
- Vom Rand in die Folie springen (Kl, K).
- Die Folie zu einem Berg zusammenknüllen und darauf klettern (Kl, K).
- Die Folie auf eine schräge Ebene legen. Es ist eine Rutschbahn.

Spiele mit der Schwimmnudel

Die Schwimmnudeln sind ganz neu auf dem Markt. Es sind 2 Meter lange und armdicke Schaumstoffstangen mit extrem großem Auftrieb. Sie können auch mit speziellen Kupplungen zusammengesteckt werden.
- Wir legen uns auf die Nudel quer (Kl, K).
- Wir setzten uns darauf und reiten (Kl, K). *(Foto 22)*
- Wir stellen uns auf die Nudel und schaukeln (Kl, K).

Foto 22: Im Wasser reiten und Lasso schwingen

- Wir bauen durch Zusammenstecken einen Kreis im Wasser und Halbkreise, die durch die Luft führen. Es entsteht ein definierter dreidimensionaler Raum. Wird in den Kreis noch eine Matte geschoben, versuchen sich schon Krabbelkinder aufzurichten (Kl).

Spiele mit kleinem Wasserspielzeug

Wir benutzen beim Baby- und Kleinkinderschwimmen diverses Spielzeug: Rasseln, Quietschtiere, Puppen, farbige Plastiktiere, Tischtennis- Bälle, Schwämme, Topfkratzer, u.v.m.
- Die Kinder verfolgen Spielzeuge mit den Augen (S, Kl).
- Die Kinder greifen nach dem Spielzeug (S, Kl).
- Kinder verfolgen oder nähern sich dem Spielzeug (S, Kl).
- Greift ein Kind, das Schwimmflügel trägt, mit beiden Händen einen Gegenstand, so fällt es auf den Rücken. Läßt es das Spielzeug wieder los, kehrt es in die Ausgangsposition zurück. Dies liegt daran, daß die beiden freien Gelenkketten (Hände, Arme, Schultern) geschlossen werden. Jedes neue Gelenk kehrt die Bewegungsrichtung um. (S, Kl.)
- Spielzeuge führen Symbolhandlungen durch, die die Kinder nachahmen. (S, Kl.)

Spiele auf Bewegungslandschaften

Für Kinder ist es besonders reizvoll, wenn die einzelnen Geräte zu größeren Bewegungslandschaften kombiniert werden. Der Wechsel von einem Material zu einem anderen, verlangt eine ständige Anpassung an die wechselnden Tragfähigkeiten der Stationen. Dabei sind die Kombinationen für Kleinkinder einfacher und übersichtlicher als für Kinder.
- Iso- und Luftmatratzen werden Einstiegshilfen in Boote Inseln u.s.w. (Kl, K)
- Wir bauen mit allen zur Verfügung stehenden Materialien eine Brücke oder einen Bootssteg. Wir klettern durch das Schwimmbad, ohne naß zu werden (Kl, K).

- Wir bauen mit allen Materialien einen Berg, den es zu besteigen gilt (Kl, K).
- Wir setzten einen runden Plastikkorb in einen großen Reifen und haben ein Boot gebaut. *(Foto 23)*

Foto 23: Boot fahren

- Wir schieben durch einen Wäschekorb Besenstiele, und befestigen an ihnen Schwimmflügel oder Schwimmnudeln. In diesem Boot können mehrere Kinder Boot fahren.
- Mit verschiedenen Matten und Luftpolsterfolie kann eine schwankende Fläche zum Liegen, Kriechen, Klettern und Rollen gebaut werden. *(Foto 24 siehe nächste Seite)*

  Diese Anregungen können von Eltern und Kindern beliebig erweitert werden. Wichtig ist, daß man sich nicht verletzen und sich jederzeit aus einer mißlichen Lage befreien kann. Eltern sollten darauf achten, daß kipplige Geräte nicht zu dicht am Rand sind, damit man nicht auf den Beckenrand schlägt. Für die Kinder gilt es zu lernen, Grundregeln einzuhalten.

Foto 24: Spielwiese im Wasser

- Das Material darf nicht zerstört werden.
- Es darf keinem Kind wehgetan werden und es darf kein Kind geärgert werden.
- Die Spielsachen sind nur im Wasser zu benutzen.
- Beim Springen muß vorher darauf geachtet werden, daß niemand gestört wird.

Anhang

Literatur: Zum Babyschwimmen

Ahr, Barbara: Babyschwimmen. Georg Thieme Verlag, Stuttgart 1989

Bauermeister, Heinz: In der Badewanne fängt es an. Copress-Verlag, München 1972

Bresges, Lothar: Babyschwimmen. Hrsg.: Diem, Liselott, Kösel-Verlag, München 1973

Clevenger, Cynthia: Baby-Schwimmen. Goldmann-Ratgeber, München 1986

Diem, Liselott u.a.: Längsschnittuntersuchung über die Wirkung frühzeitiger motorischer Stimulation auf die Gesamtentwicklung des Kindes im 4. - 6. Lebensjahr. Hofmann-Verlag, Schorndorf 1980

Fouace, Jean: Babys lernen schwimmen. Falken-Verlag, Niedernhausen 1980

Graumann, Dieter: Übungsleiter-Ausbildung Babyschwimmen. Sportbuch-Verlag W. Pflesser 1995

Junger, Michael: Babyschwimmen, Schwimmtherapie, Frühförderung. Eigenverlag, Bremen 1984

Junger, Michael: Die Wasserspielwiese, Psychomotorik im Wasser. Diplom-Arbeit, Bremen 1993

Lewin, Gerhard: Schwimmen mit kleinen Leuten. Sport-Verlag, Berlin 1975

Lacoursiere, Regent: Drown-Proofing. Collins, Toronto 1973

Mayerhofer, Alfred: Schwimmbewegungen bei Säuglingen. In: Arch. Kinderheilkunde, Stuttgart (1953), 146, S. 132 - 142

Mc Graw, Myrtle B.: Swimming Behavior of the Human Infant (Das Schwimmverhalten des Kleinkindes). In: J. Pediatrics, St. Louis (1939), 15, S. 485 - 490

Mertens, Krista: Zurück zur Natur. verlag modernes lernen, Dortmund 1988

Mönkemeyer, Karin: Schon Babys schwimmen mit Vergnügen. rororo, Reinbek 1988

Schütz, Bernd: Wassergewöhnung für Kinder im 1. und 2. Lebensjahr. Eigenverlag, Düsseldorf

Newmann, Virginia Hunt: So lernen kleine Kinder schwimmen. Goldmann-Verlag, München 1967

Odent, Michel & Johnson, Jessica: Wir sind alle Kinder des Wassers. Kösel-Verlag, München 1995

Erziehungsbücher

Kiphard, E.J.: Motopädagogik, 8. verb. u. erw. Aufl., verlag modernes lernen, Dortmund 1998

Largo, Remo H.: Babyjahre, 3. Aufl., Piper Verlag, München

Miedzinski, Klaus: Die Bewegungsbaustelle. verlag modernes lernen, 7. Aufl., Dortmund 1996

Montessori, Maria: Kinder sind anders. Stuttgart 1988

Prekop, J. Schweizer, Ch.: Kinder sind Gäste, die uns nach dem Weg fragen. Kösel-Verlag, München 1990

Zimmer, Renate: Handbuch der Bewegungserziehung. Herder Verlag, Freiburg 1993

Aufsätze des Autors

Babyschwimmen als Entwicklungsanregung bei behinderten und unbehinderten Kindern
Motorik 4 /1981

Schwimmen als Therapie
Praxis der Psychomotorik 2 /1982

Schwimmen mit Oberarmauftriebshilfen
Praxis der Psychomotorik 3 / 1983

Exogene Reize des Wassers
Praxis der Psychomotorik 2 / 1984

Psycho- und sensomotorische Übungen im Wasser als Prävention und Rehabilitation
Krankengymnastik 3,4 / 1984

Säuglingsschwimmen – Methodische Ansätze
Praxis der Psychomotorik 2 / 1985

Frühförderung im Wasser
Frühförderung interdisziplinär 4 / 1988
Lebenshilfe Österreich 3 / 1988

Im tiefen Wasser schwimmen lernen
Sportpraxis 2,3 / 1989

Körperwahrnehmung im Wasser
Praxis der Psychomotorik 2 / 1989

Wahrnehmungsförderung durch Säuglings- und Kleinkinderschwimmen
Motorik 1 / 1990

Ganzheitlicher Schwimmunterricht
in: Projekt Sport „Sport mit kleinwüchsigen Kindern"
Hrsg: Elterngruppe Kleinwüchsiger Kinder e. V.

Materialien zur Wassertherapie
Praxis der psychomotorik 2 / 1991

Therapeutisches Schwimmen
in: Kinder brauchen Bewegung – brauchen Kinder Sport?
Kongressbericht, Zimmer / Cicurs (Red.)
Meyer / Meyer Verlag, Aachen 1992

Spiele im Wasser
Kongressbericht des AKP 1992

Crashcurse für Kinder
Olympische Jugend 9 / 1993

Kann das Säuglings- und Kleinkinderschwimmen eine wirksame
Therapie sein?
Krankengymnastik 5 / 1993

Das Wasser als ordnendes Element bei verhaltensauffälligen
Kindern
Praxis der Psychomotorik 2 / 1995

Schlagwort „Babyschwimmen" – Eine Antwort auf die Stellungnahme des Deutschen Sportärztebundes

Schwimmen und Wasser
Zur Arbeit mit hyperaktiven Kindern
in Mototherapeutische Arbeit mit hyperaktiven Kindern
Michael Passolt (Hrsg.), Ernst Reinhard Verlag, 1996, München

Möglichkeiten und Grenzen für Aktivitäten im Wasser während der Schwangerschaft
Congress- Bericht DSV-Kongress „ Gesund durch Schwimmen"
Hrsg.: Prof Kurt Wilke

Glossar

Behaviorismus: Psychologische Forschungsrichtung, die sich mit einem möglichst objektiven Beobachtung und Registrierung des tierischen und menschlichen Reiz – Reaktions – Verhaltens befaßt

Cerebral-Paresen, infantile: Frühkindliche Gehirnstörungen, die geistige und / oder motorische Entwicklungsstörungen als Folge haben

Down-Syndrom: eine Form geistiger Behinderung (früher: Mongolismus)

Embryo: Leibesfrucht bis zum 3. Schwangerschaftsmonat

Flimmerepithel: Zellgewebe in der Luftröhre, das mit kleinen Härchen Fremdkörper hinaustransportiert

Fötus (Fetus): Leibesfrucht vom 3. Schwangerschaftsmonat an

Funktionalistischer Unterricht: Das Ziel ist den Bedürfnissen des Lernenden übergeordnet

Ganzheit: Das unteilbare Zusammenwirken von Einzelkomponenten in gegliedertem Aufbau. So kann der Mensch als Einheit von Wahrnehmen, Denken, Erleben und Bewegen in seinem Umfeld gesehen werden

Ganzheitlicher Unterricht: Das Kind selbst und seine Eigenart in den Mittelpunkt der Pädagogik zu stellen

Indikation: aus der ärztlichen Diagnose sich ergebende Veranlassung, ein Heilverfahren zu beginnen

Konditionieren: Eine neue Handlung mit einer bekannten koppeln. Ein bestimmtes Signal löst nach einigen Wiederholungen immer die gleiche (neue) Handlung hervor.

Koordination: Das richtige Zusammenspiel verschiedener Muskeln mit dem Zentralnervensystem

Körperschema: Kenntnis über die Funktionsweise des eigenen Körpers

Kortex: Hirnrinde

Motorik:Die Gesamtheit der willkürlichen Muskelbewegung

Muskelhypertonie: Starke Muskeldauerspannung

Muskelhypotonie: Niedrige Muskelspannung

Muskeltonus: Spannungszustand der Muskulatur

Nonverbaler Unterricht: Methode, ohne gesprochene Anweisungen Handlungen zu veranlassen

Pädiater: Kinderarzt

Psychomotorik: Ganzheitliche Bewegungsunterrichtsmethode, wobei die Teilbereiche Wahrnehmen – Denken – Bewegen und Erleben sich untereinander beeinflussen und helfen, Schwächen spielerisch abzubauen

Prävention: Vorbeugende Maßnahmen

Retardation: Entwicklungsverzögerung

Sensomotorik: Das Zusammenwirken von Wahrnehmen und Bewegen. Z.B: Das Auge sieht, die Hand greift.

sensomotorische Dysbalance: Eine Störung im Verhältnis Wahrnehmen und Bewegen. Über die Wahrnehmung wird viel aufgenommen, während die Motorik vernachlässigt wird

Spastik: Verkrampfter Muskeldauerzustand, der durch eine Cerebral-Parese verursacht ist

Sportmotorische Fertigkeiten: Z. B. Kraft, Schnelligkeit, Ausdauer, Geschicklichkeit

Torsion: Verwindung des Körpers

Vestibuläre Reize: Anregungen für den Lage- und Gleichgewichtssinn

Nützliche Adressen
Auskünfte zum Babyschwimmen erteilt:

In Deutschland:

Deutsche Sporthochschule Köln
Institut für Schwimm-, Wasser-, Winter- und Kampfsportarten
Carl - Diem - Weg
50927 Köln

Deutscher Schwimmverband (DSV)
34132 Kassel
Korbacherstr. 93
Tel.: 0561 / 94083-0

Übungsleiter-Ausbildung „Babyschwimmen" des DSV,
zu beziehen über:
Verein zur Förderung der Deutschen Schwimmjugend
Dieter Weyer, Postfach 300111, 47426 Moers

In Österreich:

Verband Österreicher Schwimmvereine
Braunhubergasse 21 - G6 - 2
A-1110 Wien
Tel: 7498194
Fax: 7498195

In der Schweiz:

Deutschschweiz: Interverband für Schwimmen (IVSCH)
Postfach
CH-8904 Aesch b. Birmensdorf
Tel: 01 737 37 92
Fax: 01 737 04 11

Westschweiz: Interassociation de Natation (IAN)
Centre de formation de maître d´éducation physique (CFMEP)
Villa des Sports Dorigny
CH-1015 Lausanne
Tel: 021 692 21 80
Fax: 021 692 21 55

Bezugsquellen:

Schwimmflügel (Zentrisches Loch)
Schwimmflossen ab Größe 22
Fa SOPEDOS
Limburger Str. 14
63128 Dietzenbach
Tel.: 06074 - 23415, Fax: 41796

Schwimmaterial:

Sport Thieme
38367 Grasleben
Tel.: 05357 - 18181, Fax:18190

Sport Fahnemann
Postfach 127
31167 Bockenem
Tel.: 05067 - 1061, Fax: 2311

Epsan Sportgeräte GmbH,
Am Müllerberg 1
38729 Lutter
Tel.: 05383 / 8030, Fax: 8040

Scheifele & Dlucik
Weinstr.41
71384 Weinstadt
Tel.& Fax: 07151 / 66245